Das 5-Elemente Kochen
Im Einklang mit Beruf und Haushalt

4521 Schiedlberg/Austria, Waidern 42
e-mail: office@bacopa.at, verlag@bacopa.at
www.bacopa.at

Druck: MA-TISK
Printed in Slovenija
Illustrationen: fotolia.com
ISBN 978-3-901618-76-5

1. Auflage 2010

Roswitha Fehrer

Das 5-Elemente Kochen
Im Einklang mit Beruf und Haushalt

Eine ausgewählte Sammlung
von ca. 130 Rezepten

BACOPA VERLAG

Widmung

Dieses Buch möchte ich meinem Mann widmen, denn vor allem war er es, dem ich, bedingt durch seine Krankheit, den Zugang zur TCM zu verdanken habe. Nie werde ich den Tag vergessen, es war der 25. Oktober 2008, an dem wir kurz vor seinem Tod, zusammen mit Regina und Walter, den Grundstein für dieses Buch gelegt haben – es war einer der lustigsten unserer 48-jährigen Ehe.

Vorwort

Einem der besten Ausbildner, meiner Leidenschaft zum Kochen, meiner Experimentierfreudigkeit, der Krankheit meines Mannes, meiner praktischen Veranlagung und meinem Mut, mich noch mit 62 Jahren selbstständig zu machen, verdanke ich meine langjährige Erfahrung im 5-Elemente Kochen und deren Anwendung.

Oft denke ich an meine Ausbildungszeit – ich muss meinem Lehrmeister aufgrund meiner ewigen Fragerei sehr auf die Nerven gegangen sein – denn eines Tages brüllte er mich an: *„Probier's aus, dann weißt du es!"*, seither ist das mein Leitsatz! Ich danke ihm. Darum möchte ich Sie ersuchen, geben Sie sich selbst eine Chance und probieren Sie meine Rezepte aus, auch wenn Ihnen diese manchmal suspekt erscheinen mögen – das Resultat schmeckt köstlich.

In diesem Buch stecken alle Forderungen von und Erfahrungen mit meinen Klienten, eben Beruf und Alltag in Einklang zu bringen. Da ich selber ganztägig berufstätig war, weiß ich sehr genau, was es heißt, trotzdem zu kochen – und das köstlich *und* gesund.

Grundvoraussetzung ist, dass man immer genug Vorrat zu Hause hat. Gewürze und getrocknete Kräuter sowie Getreide, Hülsenfrüchte, Nüsse, Samen, Teigwaren und Öle kann man immer leicht auf Vorrat haben. Gemüse und Milchprodukte halten auch ein paar Tage im Kühlschrank. Im Winter ist ein Gemüsevorrat noch einfacher – denn Kartoffeln, Kraut und Kohlgemüse, alles Wurzelwerk – wie Karotten, Pastinaken, Topinambur, Speiserüben – und Äpfel kann man gut lagern, auch im Geschäft bekommen Sie nichts Frischeres – denn im Winter wächst nichts! Trockenobst und auch mal hochwertige Gemüsekonserven (man hat ja selber früher eingerext) oder Trockengemüse, im Notfall auch mal biologisches Tiefkühlgemüse, kann man auch auf Vorrat anlegen.

Zweite Grundvoraussetzung für hochwertige Ernährung ist, dass die Nahrungsmittel aus biologischem Anbau stammen – nur dann verfügen sie über Energie.

Nahrung muss Energiezufuhr sein und dafür ist die 5-Elemente Küche am besten geeignet. Viel Spaß beim Kochen und noch mehr Genuss beim Essen wünscht Ihnen

Ihre Roswitha Fehrer

Einleitung

Die Ernährung nach den 5 Elementen ist ein Bestandteil der Traditionellen Chinesischen Medizin (kurz TCM), und zwar einer der wichtigsten. In der TCM geht es nicht um die Analyse von Nahrungsmittelbestandteilen, nicht um das Zählen von Kalorien und auch nicht um das Messen von Vitaminen und Spurenelementen, sondern sie macht sich das Wissen um die spezielle Wirkung jedes einzelnen Nahrungsmittels auf die Organe im menschlichen Körper zu Nutze.

Daher ist das Prinzip des Kochens nach den 5 Elementen, die energetischen, thermischen und geschmacklichen Qualitäten der einzelnen Lebensmittel richtig einzusetzen. Dadurch kann man die Gesundheit erhalten, Unausgewogenheiten – hervorgerufen durch falsche Ernährung, konstitutionelle Veranlagung, jahreszeitliche oder überhaupt klimatische Einflüsse ausgleichen. Man kann sogar Ernährung therapeutisch einsetzen – und dadurch auch Krankheiten heilen, so sie nicht chronisch sind.

Das Wissen um die speziellen Qualitäten der Lebensmittel macht es möglich, durch ausgewogene Zusammenstellung der Zutaten der Gerichte, eine ganzheitliche Ernährung zu kreieren und man ahmt durch das Kochen in der Reihenfolge der 5 Elemente natürliche Energieverläufe im Körper nach. Man spricht vom Fütterungszyklus:

HOLZ füttert FEUER füttert ERDE füttert METALL füttert WASSER füttert HOLZ

Alle Nahrungsmittel werden anhand ihres Botschaftsgeschmackes einem bestimmten Element zugeordnet:

Holzelement Botschaftsgeschmack sauer –
Organbezug Leber und Galle

Feuerelement Botschaftsgeschmack bitter –
Organbezug Herz, Kreislauf, Dünndarm

Erdelement Botschaftsgeschmack süß –
Organbezug Milz und Magen

Metallelement Botschaftsgeschmack scharf –
Organbezug Lunge und Dickdarm

Wasserelement Botschaftsgeschmack salzig –
Organbezug Niere und Blase

Nach der Zugabe jeden Elementes rühren Sie kurz um und warten Sie ein wenig, bevor Sie die nächste Zutat beifügen. Halten Sie die Reihenfolge der Zutaten unbedingt ein, sonst ist der Fütterungszyklus unterbrochen. Überspringen Sie beim Kochen im Fütterungszyklus kein Element, sonst wird dieser unterbrochen.

Haben Sie eine Zutat vergessen, können Sie um *ein* Element zurückgehen, ist die Zutat jedoch einige Elemente zurück zugeordnet, müssen Sie den Zyklus fortführen, bis Sie beim entsprechenden Element angelangt sind. Das ist aber kein Unglück, im Gegenteil, je öfter Sie den Zyklus herumkochen, umso mehr Energie enthält die Speise. Jede Speise sollte zumindest 3 Elemente enthalten.

Man kann mit jedem Element den Zyklus beginnen, am meisten gefüttert (tonisiert) wird jenes Element (Organ), mit dem der Zyklus endet. Ende ich z.B. mit dem Element Wasser, tonisiere ich die Nieren – und diese zu tonisieren, passt immer, denn die Nieren sind unser Fundament und können nie übertonisiert werden.

Abkürzungsverzeichnis

TL = Teelöffel

EL = Esslöffel

Bd = Bund

Stk = Stück

Stg = Stange

Msp = Messerspitze

H = Holzelement

F = Feuerelement

E = Erdelement

M = Metallelement

W = Wasserelement

M/E = Metall/Erde

(Zuviel wird durch Schmoren süß, daher wandert sie ins Erdelement

Alle Gerichte sind für 4 Personen konzipiert -
außer, wenn anders vermerkt.

5-Elemente Frühstück – Turbostart in den Tag

Was der Bauer nicht kennt, das frisst er nicht.
Würde der Städter kennen, was er frisst –
er würde umgehend Bauer werden.

Oliver Hassenkamp

Bei den meisten Menschen scheitert der Versuch zu frühstücken daran, dass sie keinen Hunger haben, antriebslos und müde sind und dann glauben, mit einer oder zwei Tassen Kaffee den Körper auf Touren bringen zu können. Kurzfristig funktioniert das ja, aber die Tassen werden immer mehr, und je mehr Kaffee sie trinken, um so müder werden sie mit der Zeit – ein Teufelskreis. Außerdem betreiben sie Raubbau am Körper, der Kreislauf wird auf Dauer nicht mitmachen.

Ursache für diese Abgeschlagenheit ist entweder ein zu opulentes oder zu spätes Abendessen – man kann nicht richtig verdauen, da der Magen ab 19.00 Uhr seine Tätigkeit sehr reduziert. Man „ verdreckt" über Nacht – der Qi-Fluss wird blockiert!

Um wirkliche Leistung bringen zu können, muss ich Körper und Gehirn *nähren:* Indem ich ordentlich frühstücke und mir auch Zeit dazu nehme! Wenn der Tag schon mit Hektik beginnt, wirkt sich das auf den ganzen Tag negativ aus. *Das Frühstück ist die wichtigste Mahlzeit des Tages,* daher muss ich trachten, es besonders wertvoll zu gestalten.

Am besten geeignet dazu sind lange gekochte Getreidegerichte. Getreide ist eines der schwer verdaulichen, aber dafür umso wertvolleren Lebensmittel, darum sollte man die Organzeit des Magens (7:00–9:00 Uhr) nützen.

Um am Morgen schnell und effizient ein herrliches Frühstück bereiten zu können, einige sehr wichtige Tipps:

- Kochen Sie das Getreide unbedingt schon am Vorabend – dann hat es Zeit, um auszuquellen. Das ist sehr wichtig, sonst belastet das Getreide mehr, als es nützt! Sie können schon Portionen für mehrere Tage (auf jeden Fall für 3 Tage) kochen, in der Früh nehmen Sie, was gebraucht wird, der Rest kommt in den Kühlschrank.
- Haben Sie je nach Jahreszeit immer Äpfel, Birnen, Pfirsiche, Marillen etc., Trockenobst wie Rosinen, Pflaumen, Feigen, Marillen, Datteln auf Vorrat!
- Auch Nüsse und Samen, z.B. Walnüsse, Pinienkerne, Kürbiskerne, Haselnüsse, Mandeln und Hanf – alles schon in einer Pfanne ohne Fett goldgelb geröstet und in verschiedenen Behältern griffbereit – Sie werden staunen, wie schnell ein herrliches Gericht fertig ist und wie köstlich es schmeckt.
- Noch ein toller Tipp: Ein Wundermittel, um den Tag mit Elan zu beginnen, sind Wechselduschen. Beginnen Sie mit sehr warmem Wasser beim rechten Fuß und gehen Sie mit der Dusche innen am Bein hoch – um die Brust herum und dann den rechten Arm innen hinunter – dann außen hoch und über die Schulter, den Körper außen hinunter bis zur Ferse, das selbe dann links. Drehen Sie die Dusche auf ganz kalt und wiederholen Sie Vorstehendes, dann nochmals warm und schließen Sie mit kaltem Wasser ab.
- Beginnen Sie niemals kalt! Rubbeln Sie sich mit einem festen Handtuch ab und – *Sie sind dann so fit, dass sie Bäume ausreißen könnten!*
- Anschließend ein herrliches Frühstück, und sie sind bestens für den Tag gerüstet. Sehr wichtig ist das Frühstück auch für Kinder. Wenn das Hirn nicht versorgt ist, gibt es keinen guten Schulerfolg. Wenn die Eltern frühstücken, tun es Kinder auch!

Gekochte Getreidearten für ein Frühstück

Man kocht das Getreide schon am Vorabend, dadurch ist es gut ausgequollen und zum anderen in der Früh gleich verfügbar (kochen Sie gleich mehrere Portionen – kann bis zu 4 Tagen im Kühlschrank aufgehoben werden).

Polenta

F *¾ l Wasser in einem Topf zum Kochen bringen*
E *200 g Polenta (der vorher angeröstet wurde) einstreuen*
E *ev. 8 Stk chin. rote Datteln (stärkt die Mitte und nährt das Blut) mitkochen*
M *Prise gemahlenen Koriander unterrühren, ca. 15 Min. auf kleiner Flamme köcheln und immer wieder umrühren*
W *salzen und über Nacht auf der ausgeschalteten Herdplatte ausdünsten lassen*

Hirse

F *heißer Topf*
E *200 g Hirse hinein geben und goldgelb rösten (es können auch 10 Stk Lotossamen dazu gegeben werden – tonisiert Milz, nährt Ni Qi, stabilisiert Jing und nährt das Herz, beruhigt den Geist)*
F *mit ½ l kochendem Wasser aufgießen*
M *ein kleines Stück frischen Ingwer unterrühren*
W *salzen und 15 Min. auf kleiner Flamme köcheln*

Herd ausschalten und ausquellen lassen – NICHT Umrühren – Hirse wird sonst klebrig!

Hirse-Reis-Karottengemisch –
stärkt die Mitte und löst Stagnationen

F *heißer Topf*
E *100 g Hirse einstreuen und kurz rösten*
M *100 g Vollbasmatireis dazugeben und goldgelb rösten*
E *2 große Karotten, grob geraffelt unterrühren*
M *etwas gemahlenen Koriander unterrühren*
W *mit 700 ml lauwarmem Wasser aufgießen und ¾ Stunde garen, Herd abschalten und über Nacht ausquellen lassen*

Buchweizen

F *heißer Topf*
F *200 g Buchweizen anrösten*
E *winzige Prise Zucker etwas karamelisieren*
M *etwas gemahlenen Fenchel unterrühren*
W *mit 500 ml lauwarmem Wasser aufgießen, etwas salzen und ½ Stunde köcheln, Herd abschalten und ausquellen lassen*

Süßreis-Gerste

F *heißer Topf*
E *100 g Süßreis und 100 g Gerste anrösten (am besten über Nacht einweichen)*
M *50 g Rosinen untermischen*
M *Prise Piment unterrühren*
W *mit 500 ml lauwarmem Wasser aufgießen, etwas salzen und ¾ Stunde garen, Herd ausschalten und ausquellen lassen*

Grünkern

F *heißer Topf*
H *250 g mittleren Grünkernschrot hinein geben (braucht nicht geröstet werden – ist gedarrt)*
F *mit 500 ml kochendem Wasser aufgießen*
E *1 TL Honig einrühren*
M *winzige Prise Koriander einrühren*
W *leicht salzen und 20 Minuten leicht köcheln, Herd ausschalten und nachquellen lassen*

Hanf (lat. Cannabis sativa)

Hanf war im Mittelalter eine „heilige" Pflanze, auch Hildegard von Bingen erwähnt seine heilsame Wirkung. Kein Wunder, denn die Hanfpflanze als Ganzes hat eine vielseitige Verwendbarkeit, die sich der Mensch zu Nutze machte. Aus der Faser wurden Seile, Textilien und sogar Papier hergestellt, die Blüten für medizinische Zwecke, die Blätter als wertvolles Gemüse, die Samen zur Ölgewinnung zum Rohverzehr oder in Backwaren etc. verwendet – heute füttert man Vögel damit: die Glücklichen.

Heute ist Hanf durch die Marihuanaherstellung in Misskredit geraten und allgemein nur als Rauschgift bekannt. Gott sei's gedankt, darf jetzt wenigstens THC-armer Hanf angebaut werden und erlebt inzwischen eine kleine Renaissance. Neben vielen wertvollen Aminosäuren enthält Hanf essentielle Fettsäuren (d.h. unabdingbar für den Stoffwechsel), hat einen Mineralstoff- und Vitamingehalt, der sich sehen lassen kann. Schon 50 g Hanf decken den täglichen Bedarf an so wichtigen Mineralstoffen wie Calcium, Jod, Eisen, Kalium, Magnesium, Phosphor, Sulfur und Zink. Vitamine A, B1, B2, B6, C, D und E enthält der Hanf auch. Durch die Kuhmilchunverträglichkeit vieler Menschen und auf der anderen Seite durch die Mangelernährung ist die Osteoporose in unserer Wohlstandsgesellschaft fortschreitend, es fehlt dem Körper an Calcium. Wie gut der Körper Calcium aufnehmen kann, hängt im wesentlichen von der Nahrungsmittelzusammenstellung ab, und dabei spielt Vitamin D eine zentrale Rolle, ohne welches keine ausreichende Versorgung des Organismus mit Calcium möglich ist. Andererseits ist Zink unabdingbar für die Aufrechterhaltung des Säure-Basenhaushaltes.

Hanfkörner schmecken köstlich und geröstet noch besser – sie befeuchten dann auch nicht. Hanfkörner können gemahlen (nicht in der Getreidemühle, sondern in einer Mohn- oder Kaffeemühle!) unter jeden Teig gemischt werden, ob für Nudeln, Nockerln, Palatschinken, Kuchen etc. im Ausmaß von ca. 20–30 % des Mehlanteiles. Sie können gerösteten Hanf zu Salaten verwenden, über das gekochte Frühstück streuen, Hanfmilch und gesunde Nascherei daraus machen etc.

Hanföl ist aber nur dann wirklich wertvoll, wenn es tatsächlich nativ gepresst wird, das heißt, unter 30°C! Das Öl ist zu wertvoll, um damit zu kochen. Verwenden Sie es für Salate oder nehmen Sie täglich 1 EL zu sich oder über gekochte Kartoffeln zusammen mit Schaf-oder Ziegentopfen. Zusammen mit Dotteröl (Camelina sativa) ist Hanföl eine hervorragende Hautpflege. Heute gibt es schon Kosmetikartikel aus Hanfölen.

Frühstücksvariante 1

Dörrobst:

z.B. 2 Feigen, 4 Datteln, 4 Zwetschgen, 4 Marillen (klein geschnitten) und eine kleine Hand voll Rosinen

Frischobst:

z.B. 2 große Äpfel oder 3 große Birnen oder 4 Pfirsiche oder Nektarinen werden in mittlere Stücke geschnitten

In eine große, heiße Pfanne gibt man 2 EL Wasser, bringt es zum Kochen und giesst dann hochwertiges, kalt gepresstes Öl ein, schaltet die Temperatur zurück und gibt die Trockenfrüchte in die Pfanne, darauf verteilt man das Frischobst, legt in Scheiben geschnittes Getreide darauf – Deckel darauf (die Temperatur sollte auf 4 von 9 Stellen sein) und man geht in's Bad, um sich zu duschen etc.

Während man im Bad ist, schmort das Frühstück von alleine, dann braucht man nur mehr das Frühstück vermischen, ev. etwas Wasser nachgießen, im Winter etwas Zimt unterrühren.

Mit gerösteten Nüssen (Mandeln, Walnüsse, Pinienkerne, Pistazien, Haselnüssen oder Hanf) bestreut servieren.

Buchweizen

schmeckt am besten so:

Olivenöl in der Pfanne erhitzen, Rosinen darin anschmoren – werden ganz dicke „Polsterl" – dann gibt man gehackte Pistazien und geschnittene Birnen dazu, schmoren, bis die Birnen weich sind, Zimt dazu, Buchweizen untermischen – schmeckt umwerfend, nur ist es wichtig, wirklich wohlschmeckende, reife Birnen zu verwenden, sonst sind Sie vom Geschmack enttäuscht.

Frühstücksvariante 2

Das gekochte Getreide in Scheiben oder Streifen schneiden, in wenig Öl braten, dazu reichen Sie herrliche Kompotte und servieren das Gericht natürlich wieder mit gerösteten Nüssen.

Kompotte auch auf Vorrat kochen, halten sich im Kühlschrank bis zu einer Woche. Außerdem bietet es die Möglichkeit, für eine Familie ganz einfach und schnell mehrere Variationen anzubieten und den Vorlieben der Angehörigen dadurch entgegen zu kommen

Haferbrei

¾ l Flüssigkeit (entweder nur Wasser oder Wasser-Ziegen- oder Soja-milchgemisch) zum Kochen bringen, 1 große Hand voll Rosinen hinein geben, dann 3 große Hände voll Haferflocken einkochen ca. 15 Minuten (inzwischen kann man sich im Bad fertig machen). Der Haferbrei wird wieder serviert mit gerösteten Nüssen oder gerösteten Kokosraspeln – im Sommer etwas Schafjoghurt dazu.

Haferflocken sind das einzige Getreide, das roh verzehrt werden kann. Wenn Kinder lieber eine Müslivariante mögen, dann schmoren Sie Trockenobst in einer Pfanne, geben Haferflocken dazu und braten, bis die Haferflocken knusprig sind, dann noch Nüsse und Zimt dazu.

Congee = Reissuppe

Diese einfache Speise wirkt sich in mehrfacher Hinsicht positiv auf den menschlichen Organismus aus. Sie ist leicht verdaulich – dadurch leicht assimilierbar, sie tonisiert Qi und Blut, stärkt und harmonisiert den mittleren Erwärmer und fördert die Urinabsonderung. Buddha hat gesagt: *„Congee schenkt zehn Dinge: Leben und Schönheit, Wohlgefühl, Leichtigkeit und Stärke, vertreibt Hunger, stillt den Durst, regelt die körperlichen Gase, reinigt die Blase und bringt die unverdauten Speiserest zur Verdauung."*

Da Reis harntreibend ist, sollte man Congee nicht essen, wenn man aufgrund von Ni-Qi und Yang Mangel vermehrte Harnausscheidung hat, speziell nächtliches Urinieren (ausser man hat noch spätabends getrunken).

Grundrezept: Reis in schwerem Topf mit gut schließendem Deckel ohne Fett anrösten und im Verhältnis 1:6 mit Wasser 4 bis 6 Stunden auf kleinster Flamme kochen. Je länger man das Congee kocht, umso mehr Energie entwickelt es. Am besten, man verwendet vollwertigen Rundkornreis.

Nun kann man den Reisbrei mit verschiedensten Beilagen oder Zutaten aufwerten, je nachdem, in welchem Zustand man sich befindet. Als Zufütterung für Kleinkinder, für schwer kranke oder sehr geschwächte Menschen kocht man das Congee dünner, seiht es dann ab und trinkt nur die Flüssigkeit.

Congee mit chinesischen Datteln, Scheiben von frischem Ingwer und Mandeln gekocht, gesüsst mit Honig, stärkt die Mitte, sediert und beruhigt den Geist, fördert die Zirkulation von Qi und Blut, mit Walnüssen gekocht, tonisiert man das Ni-Yang und nährt das Gehirn.Schwarzer Sesam gemörsert unterstützt wiederum das Ni-Yin. Um das Gericht vollkommen zu machen, kann man auch je Portion 1 EL wirklich kalt gepresstes Lein-, Dotter- oder Hanföl unterrühren (niemals mitkochen!) und man ist mit Vitamin-E und den wertvollen Omega-3 Fettsäuren versorgt.

Man kann auch Trockenfrüchte schmoren und den Reisbrei dann unterrühren oder mit frischem Obst – wie es einem am besten schmeckt und zuträglich ist.

Salzen Sie Ihr Congee erst, wenn es am Teller ist, sonst wird es flüssig, ausserdem benötigen Sie weniger Salz.

Zutaten zum Grundrezept, um nur einige Therapievorschläge zu machen.

- Fenchelgemüse in hochwertigem Öl geschmort und mit Bio-Sojasosse gewürzt, wärmt die Mitte, reguliert das Qi.
- Frühlingszwiebel in Sesamöl schmoren, Spinat oder Brennessel mitschmoren, würzen mit Salz und Petersilie, tonisiert Ma- und Le-Yin.
- Leber und Apfelscheiben in Öl anschmoren, pfeffern, salzen und mit Petersilie würzen. Wirkt Leber-Blut-Leere und Leber-Yin-Mangel entgegen.
- Nieren in Öl geschmort mit frischem Ingwer, Frühlingszwiebeln, Fenchelsamen und Sojasosse –tonisieren das Ni-Yang.
- Sie können natürlich auch Kräuter mitkochen, um einen therapeutischen Effekt zu erreichen.

Kompott – Varianten

Kompott für die kalte Jahreszeit

Zutaten:

	4	Bio-Äpfel oder Birnen, entkernt und in Stücke geschnitten
	1	unbehandelte Zitrone oder Orange, Schale in Spiralen abschneiden, Saft pressen
	300 g	Dörrobst (Pflaumen, Feigen, Datteln, Marillen, Rosinen, getrocknete oder frische Quitten = Qi-Tonikum für die Mitte, etc.)
	1	große Zimtstange
		Nelken
		Sternanis
	1 TL	getrockneten Ingwer
	¼ l	Rotwein
	8 Stk	chin. rote Datteln oder Longan
	1 geh. EL	Fructus Lycii
	500 ml	Wasser
	2 EL	Pfeilwurzelmehl

W *Wasser in einen Topf geben*
H *Zitronensaft dazugeben*
F *Rotwein eingießen, Zitronenschale einlegen und zum Kochen bringen*
E *alle Trockenfrüchte dazu geben einschließlich chinesischer Datteln, Lycii und Zimtstange*
M *Nelken, Sternanis und Ingwer dazu geben und ca. 15 Min. köcheln*
E *Pfeilwurzelmehl in Wasser angerührt einkochen und das Kompott auskühlen lassen*

☞ *Dieses Kompott können Sie zu allen gekochten und dann gebratenen Getreidevarianten zum Frühstück servieren. Je nachdem ich das Kompott süßer oder weniger süß haben will, nehme ich mehr oder weniger Rosinen, durch das Trockenobst benötige ich keinen Zucker! Wenn Sie das Kompott stark eindicken, dazu Vanillesosse servieren und dieses dann mit gerösteten Mandelblättchen etc. bestreuen, haben Sie einen köstlichen Nachtisch oder eine Zwischenmahlzeit für Kinder, geht auch im Sommer als Hauptgericht.*

Kompott aus Trockenfrüchten

Zutaten:	300 g	Trockenfrüchte (Pflaumen, Datteln, Marillen, Quitten, Apfelringe, Rosinen, Feigen etc.)
	8 Stk	chin. rote Datteln oder Longan
	50 g	geröstete, gehackte Walnüsse
	1	unbehandelte Zitronenschale spiralenförmig abschneiden
	1	Zimtstange
	15 g	kandierter Ingwer in kleine Stücke schneiden
	3 Stk	Sternanis
	700 ml	Apfelsaft
	3 EL	Pfeilwurzelmehl oder Tapioka

E *Trockenfrüchte in einen Topf geben*
E *Apfelsaft darübergießen und über Nacht einweichen*
F *Zitronenschale hineingeben und zum Kochen bringen*
E *Zimt, Walnüsse und Datteln dazu geben*
M *Ingwer und Sternanis einlegen und 15 Minuten köcheln*
E *angerührtes Pfeilwurzelmehl einkochen und das Kompott*
• *auskühlen lassen*

Kompott für die warme Jahreszeit

Zutaten:	600 g	Frischobst, je nach Jahreszeit gemischt oder einzeln (Äpfel, Birnen, Pfirsiche, Nektarinen, Marillen, Pflaumen, Weintrauben, alle Arten von Beeren, Quitten etc.)
	1	Zitrone oder Orange spiralenförmig abgeschält, Saft gepresst
	3 Stk	Sternanis
	1 Stk	ca. 4 cm frischen Ingwer
	1 Stg	Zimt
	100 g	Rosinen statt Zucker
	2 geh.EL	Pfeilwurzelmehl
	700 ml	Wasser (noch besser: Obstsaft)

Pikanter Haferbrei

Zutaten:

500 g	Gemüse geraffelt oder in Würferl geschnitten (Karotten, Fenchel, Kürbis, Weißkraut, Chinakohl)
1 Stg	Lauch in feine Ringe schneiden (im Winter 1 kl. Zwiebel und 1 Knoblauchzehe, fein gehackt dazu)
2 EL	Pflanzenöl
1 EL	Majoran
1	Prise Muskatnuss
100–150 g	Haferschrot, je nachdem, wie dick ich den Brei haben will
1 l	salzige Gemüsebrühe
1 Bd	Petersilie

F *heißer Topf*
E *Öl eingießen*
E *Gemüse anschmoren*
M *Lauch und oder Zwiebel anschmoren*
M *Haferschrot, Muskatnuss und Majoran unterrühren und etwas mitschmoren*
W *Gemüsebrühe angießen und alles weich kochen*
M *mit frischer Petersilie abschmecken*
W *ev. noch salzen*

☞ *Sie können den Brei auch noch mit gerösteten und fein gehackten Sonnenblumen- oder Kürbiskernen bestreuen, auch kalt gepresstes Kürbiskernöl darüber geträufel schmeckt gut.*

Wenn es zu wenig sättigend erscheint, essen sie herrliches, fein gemahlenes Vollkornbrot, alt und getoastet, dazu.

☞ *Kochen Sie den Brei am Vorabend, dann brauchen Sie ihn in der Früh nur aufwärmen. Haben Sie keine Zeit, dann nehmen Sie den Brei in einem Topf mit in die Firma und wärmen ihn mit einem Tauchsieder.*

Mit Gemüsebrühe verlängert und mit Sojamilch oder Ziegenmilch verfeinert, gibt es eine herrliche Suppe für Mittag ab.

Deftiges Bauernfrühstück

für zwei Personen

Zutaten:	500 g	Kartoffeln, am Abend gekocht, in Scheiben schneiden
	1	Scheibe biologischen Selchspeck in feine Würfel schneiden
	2 EL	Pflanzenöl
	4	Eier
	½ Bd	Schnittlauch, fein geschnitten
		Salz und Pfeffer

F *heiße Pfanne*
E *Öl erhitzen und Speckwürfel etwas anbraten*
E *Kartoffelscheiben etwas knusprig braten*
E *Eier darüberschlagen und stocken lassen*
M *mit Pfeffer und Schnittlauch würzen*
W *salzen*

☞ *Eine Variante zu den Eiern wäre auch Blutwurst (natürlich biologisch – ohne Geschmacksverstärker und Pökelsalz etc.) oder gebrühte Leberwurst.*

Jahreszeit

Im Sommer können Sie auch noch Tomaten mitschmoren, im Winter geben Sie Lauch oder Zwiebel dazu.

Süßkartoffel-Pfannkuchen

Zutaten:	2	große Süßkartoffeln abends in Wasser weich kochen
	60 g	Dinkelmehl
	2	Eier
	1 TL	Salz
	½ TL	Piment gemahlen
		Pflanzenöl
		Ahornsirup oder Honig
		Butter

E	*Süßkartoffeln schälen und in einer Schüssel zerstampfen*
E	*Eier unterrühren*
M	*Piment unterrühren*
W	*salzen*
H	*Dinkelmehl unterrühren*

Erhitzen Sie Öl in einer beschichteten Pfanne, geben den Teig in kleinen Esslöffelportionen hinein, drücken den Teig auseinander (eben kleine Pfannkuchen) und backen Sie sie von beiden Seiten leicht braun. Serviert werden sie mit Ahornsirup oder Honig.

Ist mal was Anderes, nährt sehr und schmeckt bestimmt auch Ihren Kindern.

Karotten-Mais-Eintopf

Zutaten:	200 g	Karotten, in kleine Würfel geschnitten
	200 g	Kürbis, in kleine Würfel geschnitten
		haben Sie keinen Kürbis, dann nehmen Sie nur Karotten
	150 g	feiner Maisgrieß
	800 ml	salzige Gemüsebrühe
	60 g	Kokosflocken
		Pflanzenöl
		Koriander, Piment oder Kardamom, gemahlen
		Ursalz

F	*heißer Topf*
E	*Pflanzenöl erhitzen*
E	*Kürbis und Karotten anschmoren*
E	*Maisgrieß und Kokosraspeln dazu geben*
M	*Koriander und Piment unterrühren*
W	*Gemüsebrühe angießen und garen, bis ein dicklicher Brei entsteht. Wenn nötig, salzen*

☞ *Sie können das Gericht noch mit etwas frischer Butter anrichten, schmeckt prima!*

Hafermilch-Frühstück oder Nachspeise

Tonicum bei Immunschwäche, tonisiert Lunge und Darm, gut bei Verdauungsschwäche mit Lungenbezug. Bestens geeignet für Kinder – schmeckt ihnen.

Hafermilch: Kochen Sie Hafer 1:12 in Wasser ca. 6–8 Stunden und passieren sie diesen Brei durch ein Haarsieb

F	*heißer Topf*
E	*50 g Kokosflocken einstreuen und goldgelb rösten*
M	*1 l von obiger Hafermilch angießen und erhitzen*
E	*1 Zimtstange und 50 g Rosinen dazugeben*
M	*4 grüne Kardamomkapseln hinzufügen und alles 10 Minuten köcheln*
E	*½ Tasse Pfeilwurzelmehl mit etwas Wasser angerührt einkochen.*
E	*mit Honig süßen*

☞ *Kann kalt auch als Nachspeise gereicht werden. Hafermilch kann auch als Basis für mollige Gemüsesuppen genommen werden. Kochen Sie Hafermilch auf Vorrat, hält einige Tage im Kühlschrank.*

Toastbrot halbe-halbe

Wir wissen alle, dass Kinder schwer von gesunder Ernährung zu überzeugen sind, darum muss man ihnen auch etwas entgegenkommen. Dann sind sie sicher auch bereit, mal was sogenanntes „Gesundes" – jedoch sehr Suspektes zu essen oder wenigstens zu kosten. Kinder essen einfach gerne Toastbrot, aber das gekaufte ist ja der reinste Sondermüll, wertvolles jedoch sehr teuer.

Probieren Sie einfach nachstehendes Rezept, es ist ganz einfach und schnell zu machen, backen Sie's doch zusammen mit ihren Kindern!?

Vorteig:	30 g	frische Hefe mit
	750 ml	lauwarmem Wasser verrühren und
	375 g	Bioweizenmehl mit
	225 g	Dinkel oder Weizenvollmehl in das Hefewasser einrühren

Am nächsten Tag:

375 g	Bioweizenmehl
450 g	Dinkel oder Weizenvollmehl
4 TL	Ursalz
15 g	frische Hefe mit 375 ml lauwarmem Wasser verrührt

Zum Vorteig geben und in einem Rührgerät 5 Minuten kneten, dann noch einige Minuten von Hand kneten. In eine große Schüssel geben und 1 Stunde zugedeckt gehen lassen, bis sich der Teig verdoppelt hat, kurz durchkneten. Dann in 2 Toastformen, die vorher ausgefettet wurden, geben und zugedeckt gehen lassen, bis die Formen voll sind. Ich habe die großen Formen von Kaiser, in diese passt genau obige Menge.

Das Backrohr auf 200°C vorheizen und auf der untersten Schiene nebeneinander ca. 30 Minuten backen. Eine kleine Metallschüssel mit kochendem Wasser in das Rohr stellen.

☞ *Zum Frühstück frisch getoastet, schmeckt das Brot umwerfend und ist eine Abwechslung.*

Am Sonntag ein wunderbares weiches Ei mit einem Stück alten, getoasteten Vollkornbrot mit Butter drauf, nachher ein Stück Toastbrot mit Butter und Honig oder Marmelade darf man sich auch mal gönnen – es ist ja Sonntag!

Für Erwachsene und eben auch für Kinder ist während der Woche dieses Toastbrot mit herrlichen Aufstrichen eine Köstlichkeit. Es muss nicht immer Vollkornbrot sein.

Aufstriche

Zu altem, getoasteten Vollkornbrot – natürlich ohne Butter!
Oder zum Toastbrot „halbe–halbe".

Gärtnerinaufstrich

Zutaten:

50 g	Butter
50 g	Ziegen- oder Schaftopfen
50 g	Tofu
1,5 TL	Senf
1 TL	Paprika
½ TL	Kümmel, frisch gemahlen
	Ursalz, Pfeffer, frisch gemahlen
1 Bd	Schnittlauch in feine Röllchen schneiden
½ Bd	Dill, fein gehackt
1 Bd	Petersilie, fein gehackt
1	Prise Thymian
½	rote Paprikaschote ganz fein würfeln
2	kleine Gewürzgurkerl fein hacken
1	kleine Zwiebel, fein gehackt (haben Sie Qi-Schwäche der Mitte, dann schmoren Sie die Zwiebel kurz in Öl an)

E *Butter und Tofu in eine Schüssel geben und mit dem Schneidstab pürieren*
E *Paprikagemüse unterrühren (Zwiebel dazu, wenn sie geschmort ist)*
M *Zwiebel, Petersilie, Dill, Schnittlauch, Kümmel, Senf und Pfeffer unterrühren*
W *salzen*
H *Ziegentopfen und Gewürgurkerl unterrühren*
F *Thymian und Paprikapulver unterrührenund gut durchziehen lassen.*

☞ *Im Sommer, wenn es sehr heiß ist, können Sie auch Tomatenscheiben auf's Brot geben, sonst Oliven, getrocknete Tomaten mit Knoblauch in Olivenöl eingelegt, Radieschen.*

Kann auch als Schuljause mitgegeben werden, dann legen Sie noch ein paar Nüsse und Karottenstifte dazu.

„Obatzter“

Zutaten:	250 g	vollreifer Ziegencamembert
	80 g	weiche Butter
	2 EL	Schafjoghurt
	1 kl.	Zwiebel ganz, fein gehackt (haben sie Qi-Schwäche der Mitte, dann die Zwiebel in Öl anschmoren)
	1 EL	Schnittlauch in feine Röllchen geschnitten
	1 EL	Petersilie, fein gehackt
	½ EL	Kümmel grob gehackt
	¼ TL	Paprika edelsüß
		Ursalz und Pfeffer, frisch gemahlen

F	*Camembert mit Paprika in einer Schüssel fein zerdrücken*
E	*Butter unterrühren (wenn Zwiebel geschmort, dazugeben)*
M	*Zwiebel, Kümmel, Schnittlauch, Petersilie und Pfeffer unterrühren*
W	*salzen*
H	*Joghurt unterrühren*

Tomaten-Basilikum-Creme

Zutaten:	300 g	Schaftopfen
	2 EL	Schafjoghurt
	½ Bd	Basilikum, fein geschnitten
	1	Prise Thymian
	50 g	getrocknete Tomaten, fein gehackt, mit
	3 TL	des Öls
	50 g	Pinienkerne in einer Pfanne ohne Fett goldgelb rösten
		Ursalz, Pfeffer, frisch gemahlen

H	*Schaftopfen in eine Schüssel geben*
H	*Joghurt unterrühren*
F	*Thymian unterrühren*
E	*Pinienkerne und das Öl unterheben*
M	*Basilikum und Pfeffer unterrühren*
W	*salzen*
H	*Tomaten unterrühren*

☞ *Schmeckt herrlich zum Toastbrot halbe-halbe.*

Kartoffel-Lauchaufstrich mit Schafkäse

Zutaten:	200 g	mehlige, gekochte Kartoffeln durch die Presse drücken
	150 g	Lauch in feine Streifen oder Ringe schneiden, in etwas Öl anschmoren und auskühlen lassen
	150 g	Feta (griech. Schafkäse) zerbröseln
	4 EL	Schafjoghurt
		Ursalz, Muskatnuss und Pfeffer, frisch gerieben

H *Joghurt in eine Schüssel geben*
F *Schafkäse und Muskatnuss einrühren*
E *Kartoffen unterrühren*
M *Lauch und Pfeffer unterrühren*
W *wenn notwendig, salzen*

☞ *Oliven, Basilikum, Tomaten und Kresse schmecken auch sehr gut dazu.*

Liptauer mit Käse

Zutaten:	200 g	Schaf- oder Ziegentopfen (Alternative: 100 g Tofu und 100 g Schaf- od. Ziegentopfen püriert)
	3 EL	Hartkäse, fein gerieben
	80 g	Butter
	1 TL	Paprika edelsüß
	1 TL	gehackter Kümmel
		Ursalz
		Pfeffer, frisch gemahlen
	1 kl	Zwiebel, fein gehackt (bei Qi-Schwäche der Mitte vorher anschmoren)
	2	Essiggurkerl oder Kapern eingelegt und gehackt
	1 EL	scharfer Senf
	½ Bd	Petersilie, fein gehackt

H *Topfen in eine Schüssel geben*
F *Paprika und Hartkäse unterrühren*
E *weiche Butter unterrühren*
M *Pfeffer, Senf, Zwiebel, Petersilie und Kümmel unterrühren*
W *salzen*
H *Essiggurkerl oder Kapern unterrühren*

☞ *Schmeckt umwerfend, auch wenn Sie Gäste haben – als Bestandteil eines Buffets.*

Was trinke ich zum Frühstück?

… wird man immer wieder gefragt.

Da jeder Tee (Kräuter) eine spezielle Wirkung hat, sollte man vorsichtig damit umgehen, speziell bei Kindern. Die Zusammenstellung der Kräuter sollte thermisch der Jahreszeit entsprechend ausgewogen, verdauungsfördernd und natürlich auch wohlschmeckend sein.

Vermeiden Sie, so weit es möglich ist, Kindern kalte oder thermisch sehr kühlende Getränke (z.B. Orangensäfte) zu verabreichen. Kinder gehören immer eher wärmend ernährt, denn damit stärkt man ihre Mitte.

Tee

Ein sehr wohlschmeckender und für die ganze Familie und besonders für die kalte Jahreszeit geeigneter Tee, am besten ½ Stunde nach dem Frühstück zu trinken:

Zutaten:	15 g	Fenchel
	5 g	Kümmel
	3 g	Pfefferminze
	2 g	Schafgarbe
	2 g	Süßholz, geröstet.

1–2 EL mit kochendem Wasser übergießen, 10 Minuten ziehen lassen.

Kakao für Kinder

F	*¼ l kochendes Wasser*
F	*2 EL echten Kakao (mit Wasser angerührt) einkochen*
E	*Honig oder Ursüße nach Geschmack unterrühren*
	Zimt dazu geben und ¼ l Ziegen-, Soja, Kokos- oder Mandelmilch einkochen
M	*1 Nelke (spez. im Winter) dazugeben und nochmals aufkochen*

Schmeckt köstlich und Ihre Kinder sind zufrieden.

- Getreidekaffe für Erwachsene und Kinder können Sie im Prinzip wie Kakao kochen, für Erwachsene nehmen Sie anstatt Zimt grünen Kardamom.
- Bohnenkaffee ist ausschließlich für Erwachsene geeignet und sollte von diesen nicht als Getränk, sondern als Genussmittel betrachtet und nach den 5 Elementen zubereitet werden:

Genusskaffee

F	*1 Mokkatasse kochendes Wasser*
F	*1 gehäufter TL feinst gemahlener Kaffee – köcheln*
E	*etwas Honig oder Ursüße einkochen*
M	*1 Stk grüne Kardamomkapsel mitkochen*
W	*mit kaltem Wasser (Finger in Wasser tauchen) abspritzen*

Dieser Kaffee ist als Abschluss nach einem opulenten Mahl gedacht und wirkt dann auch verdauungsfördernd und schmeckt umwerfend – eben Genuss pur.

Für das Frühstück kochen sie den Kaffee ähnlich, aber nicht so konzentriert – einfach mehr Wasser nehmen .

Trinken Sie niemals Filterkaffee es ist dies die unverträglichste Art, Kaffee zuzubereiten, trinken sie niemals Kaffee mit Milch – diese Kombi ist toxisch.

Haben Sie generell Yin-Mangel (Blut- und Säftemangel) und Ni-Qi-Mangel (geschwächte Nieren), dann Finger weg von Kaffee!

„Kaffee frisst Blut und Säfte" sagt die TCM!

5-Elemente Fertiggerichte für den Arbeitsplatz

Der korrekten Umsetzung einer Ernährungstheorie in die Praxis muss ein Zuwachs an Energie, Lebensfreude sowie körperlicher und seelischer Harmonie folgen. Fanatismus und Dogmatismus in Ernährungsfragen würden verkrampfen und seien – nicht nur im eigenen Interesse – zu meiden, denn:

„Ernährung ist die wichtigste … aller zweitrangigen Sachen.
Die wichtigste Sache ist die Liebe"
(und die geht durch den Magen – nebenbei bemerkt)

Ein sehr wichtiger Teil der Ernährung ist der während der Arbeitszeit. Viele Menschen gehen sogar ohne Frühstück zur Arbeit, denn sie haben angeblich keine Zeit dazu. Die Bequemlichkeit führt dann natürlich auch sehr leicht dazu, sich in der Kantine oder vom „Jausenwagerl" oder in umliegenden Geschäften mit meist minderwertigem und durch die vielen Zusatzstoffe auch noch krank machendem Zeug, zu versorgen. Der Preis dafür steht überhaupt in keinem Verhältnis zum Produkt, außerdem stillt es oft nur kurzfristig den Hunger und nährt nicht.

Da viele berufs- oder schulbedingt erst abends nach Hause kommen, ist es erst recht wichtig, sich zwischendurch gut zu ernähren. Es wird den Menschen heute so viel abverlangt, egal ob geistig oder manuell, daher brauchen sie Energiezufuhr!

Motivieren Sie sich, sehen Sie das Kochen abends als wunderbaren Ausgleich und Enspannung, beziehen Sie auch Ihre Familie ein, besonders Kinder sind dann eher bereit, auch Gesundes als normale Nahrung anzusehen, die dann komischerweise sogar gut schmeckt.

Nachstehende Gerichte können zum größten Teil auch kalt gegessen werden, Suppen oder Eintöpfe nehmen Sie sich in einem hitzebeständigen Gefäß mit und wärmen diese mit einem *Tauchsieder* – funktioniert wunderbar, eine Steckdose gibt es in jedem Betrieb!

Sich Suppen oder Eintöpfe in Thermosflaschen mitzunehmen, ist nicht sinnvoll, besser ist, die Gerichte vorsichtig zu wärmen – *aber niemals in der Mikrowelle!* Das Essen wird verändert, es hat dann nur mehr wenig Energie. Viele Gerichte können auch als Abendessen verwendet werden, dann brauchen Sie nicht zweimal kochen.

Marokkanische Linsensuppe

Zutaten:	100 g	rote Linsen (unbedingt, mit anderen schmeckt es nicht! Erhältlich im Supermarkt, türkischen oder Bioläden)
	300 g	Rindfleisch (auch Kalb-, Hühner- oder Lammfleisch) dazu einige Knochen
	2 Stk	mittelgroße, rote Zwiebeln schälen und in Stücke schneiden
	50 ml	Olivenöl
	2 Stk	große, mehlige Kartoffeln schälen und in grobe Würfel schneiden
	2 Stk	große Möhren putzen und in Würfel schneiden
	1 Bd	frische Petersilie fein hacken
	1 Stk	Zitrone – Saft auspressen
		frisch gemahlener Pfeffer

F *großer heißer Topf*
E *Olivenöl eingießen*
M/E *Zwiebel anschmoren*
E *Rindfleisch mit Knochen goldbraun anbraten*
M *pfeffern*
W *mit 1,5 l warmem Wasser aufgießen*
W *Linsen einstreuen und 1 Stunde zugedeckt köcheln*
H *ein paar Tropfen Zitronensaft dazugeben*
F *ein wenig kochendes Wasser angießen*
E *Kartoffeln und Möhren dazugeben und weiter köcheln, bis das Gemüse weich ist*

Das Fleisch und die Knochen aus dem Topf nehmen, Knochen wegwerfen, das Fleisch in feine Streifen schneiden. Die Suppe mit dem Schneidstab pürieren und das Fleisch wieder zurück in die Suppe geben.

M *Petersilie unterrühren*
W *salzen*
W *mit Zitronensaft abschmecken*

☞ *Köstlich für die kalte Jahreszeit, man kann Knäckebrot ohne Hefe oder Brotfladen dazu essen. Kann auch als kleines Abendessen serviert werden – dann essen Sie entweder kein Brot oder nur Knäckebrot ohne Hefe dazu.*

Bauernsuppe

Zutaten:	180 g	Zwiebel fein hacken
	2 Stg	Lauch längs halbieren und in Streifen schneiden
	300 g	Karotten klein würfeln
	3 Stg	Bleichsellerie in feine Scheiben schneiden
	150 g	geräucherten, durchwachsenen Speck klein würfeln
	300 g	Zucchini in 1 cm dicke Scheiben schneiden
	200 g	Tomaten klein würfeln (außer der Saison hochwertige Tomaten aus der Dose)
	200 g	Kartoffeln fein würfeln
	6 EL	Olivenöl
		Ursalz
	1 Bd	Petersilie fein hacken
	1 TL	Oregano, getrocknet (falls frisch, entsprechend mehr nehmen)
		Pfeffer, frisch gemahlen

F	*heißer Topf*
E	*3 EL Olivenöl erhitzen*
M	*Speck bei mittlerer Hitze 1 Minute braten*
M/E	*Zwiebel anbraten*
E	*Kartoffeln, Karotten und Sellerie untermischen und andünsten*
M	*Lauch dazugeben und 1 Minute schmoren*
W	*1 ¼ l lauwarmes Wasser angießen, zum Kochen bringen und 15 Minuten garen*
H	*Tomaten dazugeben*
F	*Oregano unterrühren*
E	*Zucchini und restliches Olivenöl unterrühren und weitere 15 Minuten köcheln*
M	*Petersilie unterrühren, pfeffern*
W	*salzen*

Gerstensuppe mit Rohschinken

Zutaten:	50 g	getrocknete weiße Bohnen über Nacht einweichen
	80 g	Gerstengraupen über Nacht einweichen
	50 g	Porree in feine Streifen schneiden
	60 g	Möhren fein würfeln oder raspeln
	50 g	Knollensellerie fein würfeln oder raspeln
	50 g	Rohschinken, fein gewürfelt
	3 EL	Olivenöl
	1,5 l	Kalbs-, Hühner- oder Gemüsebrühe
	1 Bd	Schnittlauch fein schneiden
		Salz, Pfeffer, frisch gemahlen
	100 ml	Soja-, Ziegen- oder Kokosmilch

F	*heißer Topf*
E	*Olivenöl erhitzen*
F	*Möhren, Sellerie und abgegossene Gerstengraupen andünsten*
M	*Porree andünsten*
E	*mit Kalbsfond aufgießen, Schinken dazugeben und ca. 1 Std köcheln*
M	*pfeffern*
W	*Bohnen dazugeben, salzen und Sojamilch angießen*
M	*Schnittlauch unterrühren*

Mit weniger Flüssigkeit wird es ein herrlicher Eintopf.

Minestrone

Zutaten:	100 g	getrocknete Bohnen über Nacht einweichen
	30 g	durchzogenen, geräucherten Speck in kleine Würfel schneiden
	50 g	Zwiebeln fein hacken
	2 EL	Olivenöl
	1 Stg	Bleichsellerie in feine Streifen schneiden
	80 g	Karotten in kleine Würfel schneiden
	150 g	Zucchini in kleine Würfel schneiden
	150 g	Kartoffeln in kleine Würfel schneiden
	300 g	Fleischtomaten in kleine Würfel schneiden
	100 g	Fisolen in feine Streifen schneiden
	3 EL	Gemüsepaste
	1 l	Wasser
	1 EL	Tomatenmark
	50 g	Rundreis (köstlich schmecken auch Nudeln = Erdelement – dann aber unter E)
	½ Bd	Oregano, gehackt
	1 Bd	Petersilie, fein gehackt
		Pfeffer, frisch gemahlen, Ursalz
		Parmesan, frisch gerieben

F	*heißer Topf*
E	*Olivenöl erhitzen*
M	*Speck anbraten*
M/E	*Zwiebel andünsten*
E	*Karotten, Sellerie, Zucchini, Kartoffeln und Fisolen hinzufügen*
M	*pfeffern und Reis hinzufügen*
W	*Bohnen unterrühren, Wasser angießen und Gemüsepaste unterrühren*
H	*Tomaten und Tomatenmark unterrühren und 1 Std. köcheln*
F	*Oregano einstreuen*
E	*1 EL Olivenöl unterrühren*
M	*Petersilie unterrühren*
W	*wenn notwendig, salzen*

Mit Parmesan bestreut essen.

Kürbis-Linsen-Cremesuppe

Zutaten:	2 EL	Olivenöl
	80 g	Zwiebel fein hacken
	500 g	orangen Kürbis würfeln
	100 g	rote Linsen
	600 ml	kochendes Wasser
	20 g	frischen Galgant fein reiben – Ersatz Pfeffer
	20 g	frischen Ingwer fein reiben
		Ursalz
	50 g	Mandelblättchen in einer Pfanne ohne Fett goldgelb rösten

F	*heißer Topf*
E	*1 EL Olivenöl erhitzen*
M/E	*Zwiebel andünsten*
E	*Kürbis dazugeben und andünsten*
F	*kochendes Wasser zugießen*
E	*1 EL Olivenöl untermischen*
M	*Ingwer und Galgant unterrühren*
W	*Linsen dazugeben und garen*
W	*salzen*

Die Suppe mit einem Schneidstab pürieren
und mit Mandelblättchen bestreut servieren.

Karottenfinger

Zutaten:	800 g	Karotten über Dunst garen und pürieren
	2	Scheiben Toastbrot, fein zerkrümelt
	10 Stk	getrocknete Marillen, fein gehackt
	4	Frühlingszwiebeln in dünne Ringe schneiden
	2 EL	Pinienkerne
	1	Ei
	1 TL	Paprika
	1 Bd	Petersilie, Minze und Dill, fein gehackt
		Ursalz und Pfeffer, frisch gerieben
		Mehl zum Wenden
		Öl zum Braten

E *Karotten in eine Schüssel geben*
E *Pinienkerne, Ei, Marillen unterrühren*
M *Frühlingszwiebeln, Pfeffer, Dill, Minze, Petersilie unterrühren*
W *salzen*
H *Toastbrot dazugeben*
F *Paprika unterrühren*

Ist die Masse zu weich, etwas Brösel unterarbeiten. Mit nassen Händen fingerartige Röllchen formen – in Mehl wenden und in heißem Öl braten.

☞ *Schmecken kalt und warm, mögen auch Kinder sehr gerne = Fingerfood! Dazu schmeckt Schafjoghurt mit Kreuzkümmel und ein wenig Salz köstlich. Auch als kleines Abendessen bestens geeignet.*

Zucchinipastete

Zutaten:	1 kg	Zucchini in ½ cm dicke Scheiben schneiden
	6	Yufkablätter (gibt es in türkischen Läden)
	10 EL	Olivenöl
	300 g	griechischen oder türkischen Schafkäse, fein zerkrümelt
		Pfeffer, frisch gemahlen
	1 Bd	Dill, fein gehackt
	2	Eier
	4 EL	Sesamsamen
		Ursalz
		Mehl

Ein paar EL Mehl in ein Gefriersackerl geben und jeweils in 3 Portionen die Zucchini dazu, zuhalten und fest schütteln, bis alles bemehlt ist.

Die Yufkablätter aus der Folie nehmen, vorsichtig auseinanderklappen und mit Wasser besprühen (Blumenbestäuber), aber nicht zu viel, sonst kleben sie aneinander.

Ein tiefes Backblech oder eine große Auflaufform mit Öl bestreichen und mit 3 Yufkablättern belegen. Die Hälfte der Zucchini dachziegelartig darauf verteilen und etwas salzen.

Schafkäse mit Dill vermischen und auf den Zucchini verteilen, pfeffern. Wieder 3 Yufkablätter in die Form legen, die überhängenden Teile der Blätter wegschneiden. Die Pastete mit einem Elektromesser in ca. 5 cm große Quadrate schneiden.

Ei mit 4 EL Wasser und dem restlichen Olivenöl versprudeln und über die Pastete gießen – mit Sesam bestreuen. Auf der mittleren Schiene bei 180°C im Rohr 1–1¼ Stunden backen.

☞ *Schmeckt kalt genauso gut. Kann auch als leichtes Abendessen gereicht werden oder als Vorspeise, wenn Sie Gäste haben – sehr beeindruckend!*

Zucchini-Käse-Küchlein

Zutaten:	1,2 kg	Zucchini, fein gerieben und gesalzen 10 Minuten stehen lassen und fest ausdrücken
	1	große Zwiebel fein hacken
	4	Knoblauchzehen fein reiben
	3 EL	Olivenöl
		Ursalz, Pfeffer, frisch gemahlen
	3	Eier
	5	gehäfte EL Dinkelvollmehl
	230 g	griechischen oder türkischen Schafkäse zerkrümeln
	1 Bd	Dill, fein gehackt
	1 Bd	Petersilie, fein gehackt
	1 Bd	Minze, fein gehackt
	1 TL	Paprika
		Öl zum Braten

F *heiße Pfanne*
E *Öl erhitzen*
M/E *Zwiebel andünsten*
E *Zucchini dazu und leicht anbräunen – etwas überkühlen lassen.*
M *Dill, Petersilie und Minze unterrühren*
W *etwas salzen*
H *Dinkelmehl unterrühren*
F *Paprika und Schafkäse unterheben*
E *Eier unterrühren*
M *pfeffern*

In einer Pfanne Öl erhitzen – jeweils 3 EL Zucchinimasse hineingeben, etwas breit drücken und von beiden Seiten goldbraun braten.

☞ *Schmecken kalt genau so gut, kann auch als kleines Abendessen mit Salat gereicht werden, als Vorspeise, für Kinder und Erwachsene zum Mitnehmen = Fingerfood!*
Es passt auch Schafjoghurt mit Kreuzkümmel und Salz gewürzt dazu.

Fleischpastete

Zutaten:

6 Stk	Yufkablätter (gibt es in türkischen Läden)
2	Eier
300 ml	Milch
150 ml	Olivenöl
1	große Zwiebel, fein gehackt
3	Knoblauchzehen, fein gerieben
500 g	mageres Rinderhack vom Kalb oder Lamm
2	große Fleischtomaten, fein gehackt oder
1 Dose	geschälte Tomaten
1 Bd	Petersilie, fein gehackt
1 Bd	Dill, fein gehackt
1 TL	Zimtpulver
	Ursalz und frisch gemalener Pfeffer

Fülle:

F	*heiße Pfanne*
E	*Öl erhitzen*
M/E	*Zwiebel anschmoren*
M	*Knoblauch dazu und schmoren*
E	*Rinderhack dazu und krümelig braten*
M	*pfeffern, Zimt, Petersilie und Dill unterheben*
W	*salzen*
H	*Tomaten unterheben, offen schmoren, bis die Flüssigkeit verdampft ist*

Yufkablätter mit Wasser besprühen und zugedeckt rasten lassen.
Eier mit Milch und Öl versprudeln und ein wenig salzen.

Eine große Auflaufform einölen, ein Yufkablatt hineinlegen, mit Milchmischung dick bestreichen, nochmals 1 Yufkablatt darauflegen, wieder mit Milchmischung bestreichen, noch 1 drittes Blatt darauflegen und die Fleischfüllung darauf verteilen.

Mit den restlichen Yufkablättern ebenso verfahren. Die überhängenden Blattteile wegschneiden. Mit einem Elektromesser 5 cm große Quadrate schneiden, die restliche Milchmischung darübergießen – man kann auch Sesam darauf streuen. Auf der Mittelschiene des Backofens bei 200°C backen.

☞ *Kann auch kalt gegessen werden – herrlich mit Salat oder Schafjoghurt an heißen Sommertagen. Auch als Abend- oder Mittagessen geeignet.*

Karotten und Linsen in Olivenöl

Zutaten:	4	große Karotten in feine Scheiben schneiden
	60 g	kleine grüne Linsen, 2–3 Stunden eingeweicht
	1	große Zwiebel halbieren und in dünne Ringe schneiden
	3	Knoblauchzehen fein reiben
	1 TL	Koriandersamen
	4 EL	Olivenöl
	1 EL	Tomatenmark
	1 TL	Zucker
	250 ml	Wasser
	1 Bd	Dill, Petersilie und Minze
		Ursalz und Pfeffer

Linsen in frischem Wasser 10–15 Minuten kochen, bis sie weich sind und abgießen

F	*heiße Pfanne*
E	*Olivenöl erhitzen*
M/E	*Zwiebel andünsten*
E	*Karotten dazu*
M	*Knoblauch dazu und schmoren*
M	*Koriander dazu und schmoren*
W	*Linsen dazugeben und mit Wasser aufgießen*
H	*Tomatenmark unterrühren*
F	*einen Spritzer kochendes Wasser dazugeben*
E	*Zucker unterrühren und zugedeckt 30 Minuten köcheln*
M	*Kräuter unterrühren, pfeffern*
W	*salzen und offen nochmals 10 Minuten köcheln, bis der Großteil der Flüssigkeit verdampft ist, auskühlen lassen*

☞ *herrlich als Beilage zu Gemüse- oder Getreidelaibchen oder einfach ein Stück Brot dazu etc.*

Kürbis-Frittata

Zutaten:	400 g	Kürbis fein raspeln
	3 EL	Olivenöl
	80 g	Parmesan, gerieben
	4	Eier
	2 EL	Sojamilch
		Ursalz, Pfeffer, frisch gemahlen
	½ Bd	Schnittlauch, fein geschnitten
	½ Bd	Petersilie, fein gehackt
	½ Stg	Lauch in feine Röllchen schneiden

E *Milch in einen Becher geben*
F *Parmesan unterheben*
E *Eier unterrühren*
M *alle Kräuter unterrühren und pfeffern*
W *salzen*

In einer Pfanne Öl erhitzen, Kürbis und Lauch schmoren und obiges Gemisch darübergießen und backen. Einen großen Teller auf die Pfanne legen, fest andrücken und mit der Pfanne umdrehen – die Frittata liegt jetzt auf dem Teller – lässt sie wieder in die Pfanne gleiten und bäckt sie von der anderen Seite.

☞ *Man kann als Gemüse auch Tomaten oder Artischocken verwenden. Ich nehme immer Artischocken in Öl eingelegt, natürlich von bester Qualität.*

☞ *Schmeckt auch wunderbar kalt als Jause mit Salat oder kaltem Gemüse.*

Dill-Kartoffel mit Gurke

Zutaten:	500 g	kleine Kartoffeln in der Schale kochen, schälen und klein würfeln
	150 g	Zwiebeln fein hacken
	1	Salatgurke schälen, entkernen, in kleine Stifte oder Würfel schneiden
	80 g	Olivenöl
	40 g	Vollmehl
	500 ml	Gemüsebrühe
	100 g	Schafjoghurt
		Ursalz
		Pfeffer
	100 g	Gewürzgurken in kleine Würfel schneiden
	2 Bd	Dill, fein gehackt

F	*heißer Topf*
E	*Öl oder Butterschmalz erhitzen*
M/E	*Zwiebel anschwitzen*
E	*Gurke dazu und glasig schmoren*
E	*Mehl darunterrühren*
M	*pfeffern*
W	*Gemüsebrühe angießen, ev. salzen und 15 Minuten köcheln*
H	*Joghurt und Gewürzgurken unterrühren*
F	*1 EL kochendes Wasser unterrühren*
E	*Kartoffel unterheben und nochmals aufkochen*
M	*Dill unterheben*

Vom Herd nehmen und durchziehen lassen.

☞ *Kalt schmeckt dieses Gericht im Sommer herrlich und erfrischend. Würde auch zu Kibbeh (siehe nebenstehend) passen.*

Lamm- oder Rind-Bulgurfrikadellen (Kibbe)

Zutaten:	250 g	Bulgur waschen, in eine Schüssel geben und knapp mit Wasser bedecken
	20	Minuten quellen und dann in einem Sieb abtropfen lassen
	1	große Zwiebel reiben
	500 g	mageres Lamm- oder Rindfleisch, faschiert
	1 TL	gemahlener Piment
	1 TL	Paprikapulver
	1 1	Prise Zimtpulver
	2 TL	Salz
		Öl zum Braten
	1 Bd	Petersilie, gehackt
	1	Zitrone

H *Bulgur in eine Schüssel geben*
F *Lammfleisch und Paprikapulver unterarbeiten*
E *ein paar Tropfen Olivenöl unterrühren*
M *Zwiebel, Piment, Zimt und Petersilie unterrühren*
W *salzen und gut verkneten*

Aus dem Teig Bällchen formen, etwas flach drücken und in Öl goldbraun braten. Geht blitzartig und schmeckt kalt zum Mitnehmen köstlich – mit Zitronenspalten garniert servieren.

☞ *Für Kinder – Fingerfood! Man kann dazu den „Salat der rosa Prinzessin" oder Schafjoghurt mit Kreuzkümmel und Salz dazu servieren etc.*

Salat der rosa Prinzessin

Zutaten: 800 g		rote Rüben, mit Wasser bedeckt weich kochen, mit kaltem Wasser abschrecken, schälen und grob reiben
	3	Schafmilchjoghurt in einem Spitzsieb mit Kaffeefilter ausgelegt 20 Minuten abtropfen lassen
	3	Knoblauchzehen fein reiben
	2 EL	Zitronensaft
	1 Bd	Petersilie fein hacken
		Meersalz
	2 EL	Olivenöl

F *Rote Rüben in eine Schüssel geben*
E *Olivenöl unterrühren*
M *Knoblauch und Petersilie unterrühren*
W *salzen*
H *Joghurt und Zitronensaft unterrühren*

☞ *Herrliche Beigabe zu allen Pasteten, Frittatas, Frikadellen etc., schmeckt sensationell.*

Tarte mit gelber Zucchini

Teig:	125 g	kalte Butter
	250 g	Dinkelvollmehl
	1	Ei mit etwas Wasser verquirlen
	50 g	Parmesan
		Ursalz
Fülle:	2	große gelbe Zucchini grob raspeln mit
	1 EL	Ursalz vermischen, auf ein Sieb geben und 20 Minuten abtropfen lassen, ausdrücken
	50 g	Öl
	1 Bd	Frühlingszwiebel, in feine Ringe schneiden
	150 g	Schafjoghurt
	3	große Eier
		Ursalz, Pfeffer
	1 Bd	Schnittlauch, in feine Röllchen geschnitten

Aus den Zutaten für den Teig einen Mürbteig kneten und ½ Std ruhen lassen. Den Teig in eine Springform legen und mit einem Teigroller über den Boden verteilen – 2 cm Rand! Mit einer Gabel mehrmals einstechen.

Mit Pergamentpapier belegen, darauf Bohnen verteilen und bei 200°C 10 Minuten backen (man nennt das blind backen), Bohnen und Papier entfernen und nochmals 5 Minuten backen bei 180°C.

F	*heiße Pfanne*
E	*Öl erhitzen*
M/E	*Zwiebeln weich dünsten*
E	*Zucchini zufügen und ebenfalls weich dünsten, ohne Deckel, bis die Flüssigkeit verdampft ist, etwas überkühlen lassen*
E	*Eier unterrühren*
M	*Schnittlauch und Pfeffer unterrühren*
W	*salzen*
H	*Schafjoghurt unterrühren*

Die Fülle auf den blind gebackenen Teig geben und 30 Minuten fertig backen.

☞ *Schmeckt kalt und warm hervorragend.*

Vollkornquiche mit Lauch

Teig:	125 g	Dinkelvollmehl
	60 g	Butter
		Ursalz
	1–3 EL	Wasser
	1	Ei
Fülle:	600 g	Lauch in feine Ringe schneiden
	100 g	Zwiebeln in feine Streifen schneiden
	2 EL	Olivenöl
	4	Eier
	400 ml	Sojamilch
		Ursalz
		Pfeffer und Muskatnuss, frisch gemahlen
	60 g	geriebener Parmesan

Teig bei 175°C backen (siehe *Tarte mit Gelber Zucchini*, vorige Seite).

F *heiße Pfanne*
E *Öl erhitzen*
M *Zwiebeln und Lauch bei geschlossenem Deckel weich schmoren und überkühlen lassen*
E *Milch mit den Eiern versprudeln*
M *mit Pfeffer und Muskat würzen und mit Lauch-Zwiebelgemisch vermengen*
W *salzen*

Alles auf den Teig geben und bei 175°C 25–30 Minuten backen.
10 Minuten vor Ende der Backzeit Käse darauf streuen und fertig backen.

Kartoffelsalat mit Äpfeln und Sellerie

Zutaten:	1 kg	festkochende Kartoffel in Salzwasser kochen und in kleine Würfel schneiden
	500 g	Knollensellerie schälen, in Würferl schneiden und über Salzwasserdunst weich kochen
	2 EL	mittelscharfer Senf
	2 EL	Sherry-Essig
	1 EL	Zitronensaft
	2 TL	Ursüße
		Ursalz
	Prise	Paprika
	80 g	Kren gerieben
	1/8 l	Walnussöl
	4 EL	Apfelsaft
	500 g	rotschalige Bioäpfel – entkernt und in Würferl geschnitten
	30 g	Mandelblättchen in einer Pfanne ohne Fett geröstet
	1	Beet Kresse

E	*Öl und Zucker in einer Schüssel verrühren*
M	*Senf und Kren unterrühren*
W	*salzen*
H	*Essig und Zitronensaft einrühren*
F	*Prise Paprika unterrühren*
E	*Apfelsaft einrühren*
E	*Kartoffel, Äpfel und Sellerie noch lauwarm unter die Salatsoße heben und mind. ½ Stunde durchziehen lassen*
E	*Mandelblättchen unterheben*
M	*mit Kresse bestreuen und nochmals durchmischen*

☞ *Dazu schmecken wunderbar wachsweich gekochte Eier, Knäckebrot oder das Roggenbrot ohne Hefe – einfach ein herrliches Fertiggericht für den Sommer. Passen Sie auf, dass Ihnen Ihre Kollegen nichts wegessen!*

Kartoffelfladen

Zutaten:	300 g	mehlige Kartoffel kochen, schälen, durchpressen
	2	Frühlingszwiebeln – auch das Grüne, in feine Ringe schneiden
	1	Knoblauchzehe reiben
	½ Bd	Thymian, fein hacken
	100 g	Butter
	350 g	Dinkelvollmehl
	50 g	Weizenmehl
	1 TL	Ursalz
		Pfeffer, frisch gemahlen
	½ TL	Kardamom, gemahlen
	1 TL	Kurkuma
	20 g	frischer Ingwer, fein gerieben
	125 ml	Wasser

H *Dinkelmehl in eine Rührschüssel geben*
F *Kurkuma unterrühren*
E *weiche Butter unterrühren*
M *Frühlingszwiebel, Kardamom, Ingwer und Knoblauch unterrühren*
W *salzen*
H *Weizenmehl unterrühren*
F *Thymian unterrühren*
E *Kartoffeln unterrühren*
M *pfeffern*
W *Wasser unterrühren*

Die Masse in 10 Teile teilen, ganz dünn ausrollen und in einer beschichteten Pfanne – ohne Fett – sehr knusprig backen (sonst sind sie am nächsten Tag weiche unappetitliche Fladen).

Kann als Beilage statt des Brotes gegessen werden, einfach zwischendurch als Snack oder zu einem Glas Wein.

☞ *Oder: Sie machen keine Fladen, sondern Kartoffellaibchen und braten sie in Öl heraus, als herrliches Abendessen mit köstlichem Dip, Gemüse oder Salat. Schmeckt köstlich und ist ungemein billig! Fingerfood für Kinder!*

Matjestatar

Zutaten:	4	Matjesfilet in Öl auf eine Küchenrolle legen, das Öl abstreifen und in kleine Würfel schneiden
	4	Eier 10 Minuten kochen, abschrecken, auskühlen und ebenfalls in Würfel schneiden
	1	Zwiebel fein hacken
	1 EL	Kapern fein hacken
	3	Gewürzgurkerl fein hacken
	½ Bd	Petersilie, fein gehackt
	4 EL	dickes Schafjoghurt
		Pfeffer aus der Mühle
	Prise	Paprika
	100 g	Feldsalat
	2 EL	Balsamico
	2 EL	Walnussöl
	1 TL	Senf
		Ursalz

M *Zwiebel, Petersilie und Pfeffer in eine Schüssel geben*
W *Matjes unterheben*
H *Kapern, Gewürzgurken und Joghurt unterrühren*
F *Paprika unterheben*
E *ganz vorsichtig die Eier unterheben*

Walnussöl mit Senf, Salz und Balsamico verrühren, unter den Feldsalat mischen und diesen zum Matjestatar reichen.

☞ *Kann auch Gästen als herrliche und sehr dekorative Vorspeise gereicht werden, dazu Kartoffelfladen, Roggenbrot ohne Hefe oder Knäckebrot anbieten, ist mal was Anderes!*

Bohnensalat mit Thunfisch

Zutaten:

500 g	kleine Kartoffeln in Salzwasser kochen, schälen, auskühlen und längs vierteln
2	Dosen Thunfisch in Öl abtropfen lassen (das Öl auffangen) und zerteilen
3–4 EL	Essig
50 ml	Gemüsebrühe
1 TL	Tomatenmark
	etwas Zucker oder Honig
500 g	Fisolen in Stücke schneiden, in Salzwasser garen und abschrecken
½ Bd	Basilikum grob hacken
1 Bd	FrühlingsZwiebel – das Weiße und Hellgrüne in feine Ringe schneiden
100 g	große Kapern vierteln
200 g	roter Eichblattsalat, waschen und trocken schleudern

Das Thunfischöl, 25 g Thunfisch, Essig, Tomatenmark, Gemüsebrühe, Salz und Pfeffer mit dem Schneidstab zu einer Paste pürieren.

Alle übrigen Zutaten in einer Schüssel mit der Soße vermischen, auf Eichblattsalat anrichten und in den Kühlschrank zum Durchziehen stellen.

☞ *Auch ein herrliches Abendessen im Sommer, dazu Fladen etc.*

Palpetone di Tonno

Zutaten:

400 g	Thunfisch in Öl (abgetropft)
3	Eier
1 ½ EL	Hefeflocken
70 g	Parmesan, frisch gerieben
3 EL	Roggenmehl
1 ½ Bd	Petersilie, fein gehackt
1 ½	Zitronen – Saft auspressen
1/8 l	Olivenöl
	Ursalz

W *Thunfisch mit einer Gabel fein zerteilen und in eine Schüssel geben*
H *Hefeflocken unterrühren*
F *Roggenmehl unterrühren*
E *Eier unterrühren*
M *die Hälfte der Petersilie und den Parmesan unterrühren*
W *etwas salzen*

Alles gut vermischen, bis eine homogene Masse entsteht, eine Rolle formen, fest in ein Tuch wickeln, an den Enden abbinden und in einem Topf mit kochendem Salzwasser (das Wasser muss die Rolle bedecken) 20 Minuten köcheln. Rolle heraus nehmen, abkühlen lassen und in den Kühlschrank legen.

Marinade

E *Olivenöl in einen Becher geben*
M *restliche Petersilie unterrühren*
W *salzen*
H *Zitronensaft unterrühren*

Thunfischrolle in Scheiben schneiden, auf einem Teller dachziegelartig anrichten und mit der Marinade beträufeln. Dazu können Sie Tomaten, Radiccio, Oliven mit Paprika gefüllt oder Radieschen mitnehmen.

☞ *Großartig auch, wenn Sie im Sommer Gäste erwarten. Schön dekoriert mit obigen Zutaten anrichten – mit Wein oder einem Glas Bier dazu – Ihre Gäste werden Ihnen zu Füssen liegen.*

Dinkelkräcker

Zutaten:	600 g	Dinkelvollmehl
	2 TL	Ursalz
	1 EL	Bier
	100 g	Sesam
	100 g	flüssige Butter oder Olivenöl
	375 ml	lauwarmes Wasser
	150 g	Hartkäse, gerieben

W *Wasser und Salz in eine Rührschüssel geben*
H *Dinkelmehl unterrühren*
F *Bier unterrühren*
E *Butter und Sesam unterrühren, gut verkneten und 1 Stunde ruhen lassen*

Teig ganz dünn auf einem Backtrennpapier, das die Größe des Bleches hat, ausrollen, diese Platte auf das Blech legen, mit einer Gabel Löcher stechen, mit einem Teigradel Quadrate schneiden, diese mit Käse bestreuen und bei Umluft (so kann man mehrere Bleche auf einmal backen) bei 200°C leicht gelblich backen.

☞ *Wunderbares, gesundes und köstliches Knabbergebäck zum Mitnehmen, besonders auch für Kinder anstatt der „grauslichen Chips".*

Roggenbrot ohne Hefe und Sauerteig

Zutaten:	500 g	Roggenvollkornmehl (ganz fein gemahlen)
	500 ml	lauwarmes Wasser
	2–3 TL	Ursalz
	2 EL	Koriander
		Mehl zum Arbeiten

Am Vorabend Roggenmehl und Wasser verrühren, in eine Schüssel geben und zudecken.

Am nächsten Tag Salz, Koriander und so viel Mehl unterkneten, bis ein fester Brotteig entsteht. 2 cm dick auf ein mit Backtrennpapier ausgelegtes Backblech streichen und zugedeckt 1 Stunde gehen lassen.

Im vorgeheizten Rohr (220°C) eine Schale mit heißem Wasser hineinstellen, goldbraun backen.

☞ *Dieses Brot kann zu allen Aufstrichen genommen werden – es bläht nicht und ist sehr wohlschmeckend.*

Aufstriche

Zu altem, getoasteten Vollkornbrot – natürlich ohne Butter!
Oder zum Toastbrot „halbe-halbe".

Gärtnerinaufstrich

Zutaten:

50 g	Butter
50 g	Ziegen- oder Schaftopfen
50 g	Tofu
1,5 TL	Senf
1 TL	Paprika
½ TL	Kümmel, frisch gemahlen
	Ursalz, Pfeffer, frisch gemahlen
1 Bd	Schnittlauch in feine Röllchen schneiden
½ Bd	Dill, fein gehackt
1 Bd	Petersilie, fein gehackt
1 Prise	Thymian
½	rote Paprikaschote ganz fein würfeln
2	kleine Gewürzgurkerl fein hacken
1	kleine Zwiebel, fein gehackt (haben Sie Qi-Schwäche der Mitte, dann schmoren Sie die Zwiebel kurz in Öl an)

E	*Butter und Tofu in eine Schüssel geben und mit dem Schneidstab pürieren*
E	*Paprikagemüse unterrühren (Zwiebel dazu, wenn sie geschmort ist)*
M	*Zwiebel, Petersilie, Dill, Schnittlauch, Kümmel, Senf und Pfeffer unterrühren*
W	*salzen*
H	*Ziegentopfen ud Gewürzgurke unterrühren*
F	*Thymian und Paprikapulver unterrühren und gut durchziehen lassen.*

Im Sommer, wenn es sehr heiß ist, können Sie auch Tomatenscheiben auf's Brot geben, sonst Oliven, getrocknete Tomaten mit Knoblauch in Olivenöl eingelegt, Radieschen.

☞ *Kann auch als Schuljause mitgegeben werden, dann legen Sie noch ein paar Nüsse und Karottenstifte dazu.*

Kichererbsenaufstrich I

Zutaten:	300 g	gekochte und geschälte Kichererbsen
	2	Bio Zitronen – Saft auspressen (wenn Sie vorher die Schale abreiben, diese mit Zucker vermischen und in einem Schraubglas aufheben, haben Sie immer Schale zum Kuchenbacken)
	3	Zehen Knoblauch, fein gerieben
	120 g	Sesampaste
	1 TL	Kreuzkümmel, gemahlen
	4 EL	Olivenöl
	1 Bd	Petersilie, fein gehackt
		Salz, 1 Prise Paprika

W *Kichererbsen in einen Mixbecher geben*
H *Zitronensaft unterrühren*
F *Paprika unterrühren*
E *Olivenöl und Sesampaste unterrühren*
M *Knoblauch und Kreuzkümmel unterrühren*
W *salzen und das Ganze pürieren*
M *Petersilie unterheben*

Kichererbsenpaste II

Zutaten:	200 g	gekochte und geschälte Kichererbsen
	1	große Zwiebel fein hacken
	1	gelbe Paprikaschote in Stücke schneiden
	1	süßer Apfel, entkernt und in Stücke geschnitten
		Majoran, Thymian, Pfeffer, Salz, etwas Zitronensaft
		Olivenöl

F	*heiße Pfanne*
E	*Olivenöl erhitzen*
M/E	*Zwiebel anschmoren*
E	*Apfel und Paprika dazugeben und weich schmoren*
M	*mit viel Majoran würzen*
W	*Kichererbsen unterrühren*
H	*etwas Zitronensaft unterrühren*
F	*kräftig mit Thymian würzen*
E	*Olivenöl untermischen und pürieren*
M	*pfeffern*
W	*salzen*

5-Elemente Mittagessen „die Tanks auffüllen für den Rest des Tages“

„Ein Krautgericht mit Liebe ist besser als ein gemästeter Ochse mit Hass.“

„Der selbst gebackene Zwieback ist besser als fremde Pasteten.“

Russische Sprichwörter

Die zweitwichtigste Mahlzeit des Tages ist zweifellos das Mittagessen. Mittagessen, immer etwa zur selben Zeit eingenommen, stärkt Milz und Magen, daher die Mitte! Stärke ich die Mitte (Therapiegeschmack salzig!), stärke ich auch gleichzeitig die Nieren, sagt die TCM – ohne Nierenfeuer keine richtige Verdauung. Mittagessen muss aber nicht um Punkt 12 Uhr stattfinden, sondern passt auch erst um 14 Uhr, jedoch auch regelmässig. Die Verdauungsorgane sind noch kräftig, daher sollten wir die Gelegenheit nützen, neben tierischem Eiweiß und Gemüse noch Kohlehydrate in Form von Getreide, und insbesondere als Ergänzung dazu, Hülsenfrüchte essen. Hülsenfrüchte bestehen aus hochkonzentriertem, sehr wertvollem Eiweiß und hochkonzentrierten Kohlehydraten, daher sind sie schwer verdaulich und sollten abends nicht gegessen werden.

Hülsenfrüchte sind für Vegetarier neben der Verwendung von reichlich scharf-warmen und scharf-heißen Nahrungsmitteln besonders wichtig, denn schon 10 % unserer täglichen Nahrung aus Hülsenfrüchten decken den Eiweißbedarf. Die Urvölker (außer im arktischen Bereich) verstehen es auf raffinierteste Weise, Hülsenfrüchte und Getreide zu kombinieren. So ergänzen sich zum Beispiel wunderbar Reis und Linsen oder Polenta mit roten Bohnen, und dies nicht nur geschmacklich, sondern auch durch ihre Inhaltsstoffe, außerdem stellen sie eine außerordentlich preisgünstige Nahrung dar.

Die gesamte Bevölkerung der Erde ernährte sich von Produkten aus ihrer unmittelbaren Umgebung. Der Wohlstand mit darauffolgender Globalisierung macht es möglich, dass wir Nahrungsmittel aus vollkommen anderen Klimazonen verzehren, die uns jedoch in keiner Weise zuträglich sind.

Produkte aus kontrolliert biologischem Anbau aus der Umgebung bieten alles, um rundum richtig versorgt zu sein, nur verwenden wir Europäer im Gegensatz zu den ärmeren Ländern viele wertvolle Pflanzenteile nicht, weil sie uns unansehnlich und nicht essenswürdig erscheinen. Gerade Schalen, Haut, Wurzeln und auch Blätter, besonders die Übergangsteile, wie von der Knolle zur Wurzel oder zu den Blättern, enthalten hochkonzentrierte Energie. Einige Beispiele wären: Lauch (die untere festere Platte vor den Wurzeln in Backteig zubereitet), die Blätter und der Übergang zu Karotten oder Sellerie (klein geschnitten in geschmortem Gemüse oder in Suppen), Blätter und Ansatz bei Kohlrüben, detto rote Rüben, Kohl- und Krautstrünke, ungeschältes Obst etc.

Wirklich unansehnliche Teile von Gemüsen brauchen wir auch nicht wegwerfen, machen Sie einfach ganz wertvolle Gemüsepaste daraus: Faschieren Sie (Scheibe mit großen Löchern verwenden) gemischtes Gemüse und Gemüsereste, man kann auch gleich Zwiebel, Knoblauch und frische Kräuter mitverarbeiten. Dann mischen Sie je 1 kg Gemüse mit ¼ kg Ursalz und füllen die Paste in Gläser. Salz konserviert, daher kein Einfrieren, kein Einrexen etc. Ist die beste und vor allem billigste Art, zu einer Gemüsepaste zu kommen.

Wie gehe ich mit Hülsenfrüchten um?

Alle getrockneten Hülsenfrüchte (außer Linsen) über Nacht einweichen, am nächsten Tag das Einweichwasser wegschütten und mit frischem Wasser kochen, dann hat man keine Blähungen; nützt das nichts, kochen Sie Bohnenkraut, geröstete Zwiebeln oder Fenchel mit. Zuträglich wäre 1 gehäufter EL Hülsenfrüchte je Mahlzeit und Person, darum kochen Sie immer Hülsenfrüchte auf Vorrat (im Kühlschrank mit ein wenig Salz vermengt – hält sich länger), dann können Sie effizient jedes Gericht – ob Suppe, Gemüse oder Salat – mit Hülsenfrüchten bereichern.

Braten bei Qi-Schwäche

Getreide oder Gemüselaibchen etc., die man in Fett braten sollte, legen Sie einfach auf das Backblech (Trennpapier darauf legen) und backen im Rohr, anschließend bestreicht man sie schon am Teller mit hochwertigem Öl oder auch mit frischer Butter; schmeckt köstlich und ist sehr bekömmlich.

Umgang mit Zwiebel bei Leber-Feuer, Qi-Stagnation der Leber mit allen Folgen sowie Schwäche der Mitte

Bei obiger Indikation ist der Verzehr von Zwiebel, Knoblauch und Schnittlauch – besonders geröstet oder roh – verboten bzw. ist sehr einzuschränken. Rohe Zwiebel kann durch gekochte ersetzt werden, für Salat in etwas Öl glasig schmoren. Als Ersatz für Zwiebel kann generell Fenchelgemüse genommen werden. Schneiden Sie Fenchel ganz fein – funktioniert mit der Brotschneidemaschine – oder hacken Sie ihn fein und behandeln ihn wie Zwiebel, es funktioniert! Man kann sogar Kalbsgulasch so zubereiten, nur muss man den Fenchel, kurz bevor das Gulasch fertig ist, mit dem Schneidstab pürieren (Fleischstücke vorher heraus nehmen), denn Fenchel verschmort nicht wie Zwiebel.

Backen in Salzteig

Ist eine sehr köstliche und sehr Nieren tonisierende Art, zu kochen. Bereiten Sie Backteig aus Mehl, Wasser und *unbedingt grobem Meersalz* zu, mit feinem Meersalz wird das Produkt so salzig, dass es nicht zu essen ist!

Verwenden Sie Gemüse, Huhn oder Fisch – *jedoch mit Haut oder Schale ! Es hört sich so kompliziert an, ist es nicht!* Im Gegenteil, es lässt sich wunderbar vorbereiten, wenn Sie Besuch bekommen, haben Sie während der Backzeit wunderbar Zeit, um den Tisch zu decken oder anderes zuzubereiten, das Gericht bäckt alleine.

Konservieren von Lebensmitteln

Räuchern	Feuer
In Alkohol einlegen	Feuer
Salzen – Pökeln	Wasser
Kandieren, Marmelade	Erde
In Öl einlegen	Erde
In Essig einlegen	Holz
Trocknen	Metall
Einfrieren	Wasser

Nahrungskombinationen, die toxisch sind
(führen zu Blockaden, Feuchtigkeit und Stagnation)

Käse und Fisch

Sahne und Fisch

Fisch und nachher Süßes

Kaffee und Milch, besonders Sahne (führt zu Feuchter Hitze in Leber- und Galle)

Süßliche Milchprodukte und Zitrusfrüchte oder Früchtetee

Früchtetee, Zitrusfrüchte und Ei (engl. Frühstück)

Kuchen und Weizenbier

Müsli und Früchtetee

Generelle Ratschläge zum Essen:

- Kauen Sie gut, besonders Getreide, Getreide wird im Mund verdaut – und braucht daher besonders viel Speichel!
- Die verwendeten Lebensmittel sollten frisch, von bester Qualität, naturbelassen sein und der jeweiligen Jahreszeit entsprechen.
- Essen sollte warm beginnen und sollte auch nicht kalt enden, sonst Stau von vorne und hinten! Auch nicht kalt zum Essen trinken. Es entsteht Feuchtigkeit. Der Stuhlgang wird breiig, es entsteht Völlegefühl, Blähung und Müdigkeit – Stagnation!
- Essen Sie, wenn möglich im Kreise Ihrer Familie, sehr wichtig – besonders für die Kinder – die entspannte Kommunikation.
- Decken Sie den Tisch immer hübsch, richten Sie die Speisen appetitlich an – man isst mit den Augen – erfreut sich am Anblick, man freut sich auf's Essen.
- Laden Sie Freunde zum Essen ein – *Gäste zu haben, ist ein Geschenk Gottes!* Allein die Vorfreude beim Kochen für liebe Freunde, für die eigene Familie, diese wertvolle Energie beeinhaltet das Gericht – man schmeckt es dann auch.

Asiatische Hühnersuppe

Zutaten:	2 Stk	Hühnerkeulen
	2 Stk	Lorbeerblätter
	1 Stg	Zitronengras
	1 EL	Gemüsepaste
	200 g	Möhren in 3 cm lange, dünne Streifen schneiden
	150 g	Staudensellerie in 3 cm lange, dünne Streifen schneiden
	100 g	Porree
	1	Zwiebel fein hacken
	2	Knoblauchzehen fein reiben
	1 Msp.	Chilipulver
	1 ½ EL	scharfer Curry
	50 ml	Weißwein
	400 ml	ungesüßte Kokosmilch
	½ Bd	Dill gehackt
	½ Bd	frischen Koriander oder Petersilie fein hacken
		Salz und Pfeffer, frisch gemahlen, 1 Prise Paprika
		Olivenöl

W *¾ l kaltes Wasser und die Gemüsepaste in einen großen Topf geben, mit*
H *Hühnerkeulen, Zitronengras*
F *Prise Paprika*
E *1 EL Olivenöl*
M *und Lorbeerblättern zum Kochen bringen und 1 Std. bei milder Hitze kochen. Das Fleisch herausnehmen, von den Knochen lösen und klein schneiden. Brühe in einen anderen Topf durch ein Sieb gießen.*

F *Pfanne erhitzen*
E *Olivenöl erhitzen*
M/E *Zwiebel andünsten*
E *Möhren und Staudensellerie dazugeben und andünsten*
M *Porree, Knoblauch und Chili dazu geben und dünsten*
E *Kokosmilch angießen*
M *mit Curry und Pfeffer würzen, Dill und Petersilie dazu*
W *salzen*
H *mit trockenem Weißwein ablöschen*
W *Suppe dazu gießen*
H *Hühnerfleisch einrühren.*

☞ *Schmeckt herrlich und wärmt so richtig im Winter! Gibt auch ein wunderbares Abendessen ab und schmeckt auch Kindern besonders.*

Hühnereintopf mit Schmorgemüse

Zutaten:	800 g	Hühnerfleisch in größere Stücke schneiden
	250 g	Maroni (gibt es sehr gute Qualität aus dem Glas)
	150 g	Schalotten, davon die größeren in Stücke schneiden
	200 g	Sellerie oder Pastinake kleinwürfelig schneiden
	200 g	Karotten kleinwürfelig schneiden
	2	große Fleischtomaten in grobe Würfel schneiden
	2	Lorbeerblätter
	100 ml	Madeira, Sherry oder Sake
	150 ml	Hühnerbrühe
	50 g	Butter
		Oregano, Thymian, Rosmarin
		Pfeffer, frisch gemahlen
		etwas Honig
		Ursalz und Olivenöl

F	*heiße Pfanne*
E	*Olivenöl erhitzen*
M/E	*Schalotten anschmoren*
M	*Lorbeerblätter beigeben*
W	*Prise Salz dazu*
H	*Hühnerfleisch einlegen und schnell von beiden Seiten anbraten, zudecken und ca. 20 Minuten schmoren. Dann das Hühnerfleisch heraus nehmen und warm stellen.*
H	*Tomaten unterrühren*
F	*mit Thymian würzen*
E	*Butter, Maroni, Sellerie und Karotten dazu geben und weich schmoren*
M	*Pfeffer unterrühren*
W	*Geflügel- oder Gemüsebrühe angießen – wenn notwendig, noch etwas Wasser dazu und mit Salz abschmecken*
H	*das Hühnerfleisch dazu geben*
F	*mit Oregano, Thymian und Rosmarin würzen*
E	*Madeira und Honig unterrühren, nochmals bei geschlossenem Topf kurz durchschmoren.*

Beilage: Reis, gebackene Kartoffeln, Nudeln oder Nockerln etc.

☞ *Ein köstliches Gericht für kalte Tage – ein Hit, wenn Sie Besuch bekommen, da Sie es fertig kochen können, bevor die Gäste da sind, ev. schon am Vortag.*

Fisch in Salzteig

Zutaten:

	300 g	grobes Meersalz
	600 g	Mehl
	1	großer Fisch, ca. 1–1 ½ kg (unbedingt einen ganzen Fisch mit Haut! Sonst ist er nicht zu essen – salzig!)
	1 Bd	Petersilie abgezupft
	½ Bd	Thymian

Aus 350 ml Wasser, dem Mehl und dem Meersalz schnell einen Teig kneten. Dem Fisch Petersilie und Thymian in den Bauch stopfen.
Den Teig teilen und jede Hälfte zu einem Oval (etwas größer als der Fisch) ausrollen.

Einen Teil auf ein mit Backpapier belegtes Blech legen, den Fisch darauf und mit dem anderen Teil zudecken und die Ränder des Teiges fest zusammendrücken. Den Teig mehrmals mit einer Gabel einstechen und dann im Rohr auf der 2. Einschubleiste von unten bei 200°C ca. 1 Stunde und 10 Minuten backen. Anschließend auf einem Rost 10 Minuten ruhen lassen.

☞ *Ist ganz einfach, schmeckt köstlich und ist ein hervorragendes Nierentonicum! Kann gut vorbereitet werden, wenn Sie Gäste erwarten, und diese wiederum werden Sie für die beste Köchin der Welt halten!*

Als Beilage Kürbis-Kartoffelgratin – wunderbar. Einfach in eine Auflaufform eine Reihe Kürbisscheiben – eine Reihe rohe Kartoffelscheiben – wieder Kürbis usw., dachziegelartig geschichtet, sieht das ganz toll aus. Mit Kümmel, Koriander oder Fenchel bestreut, etwas salzen, mit Olivenöl beträufeln und im Rohr backen.

Hirselaibchen mit Räuchertofu

Zutaten:	250 g	Hirse in einem Topf ohne Fett goldgelb rösten
	250 g	Lauch in feine Ringe schneiden
	150 g	Räuchertofu in ½ cm große Würferl schneiden
	50 g	Erbsen
	70 g	Dinkelweißmehl
	½ TL	Kurkuma
	2 TL	Essig
	1 TL	Ahornsirup oder Honig
	2	Eier
		Meersalz, 1 Prise Pfeffer
		Olivenöl

F *600 ml Wasser zum Kochen bringen*
F *Kurkuma hineinrühren*
E *Hirse und 1 EL Olivenöl einrühren*
M *pfeffern*
W *salzen und ca. 25 Minuten köcheln lassen, dann 10 Minuten bei ausgeschalteter Herdplatte ausdämpfen lassen*

Inzwischen:

F *heiße Pfanne*
E *Olivenöl erhitzen*
M *Lauch darin anschwitzen*
E *Ahornsirup oder Honig und Erbsen unterrühren*
M *etwas pfeffern*
W *salzen*
H *mit Essig ablöschen und 5 Minuten zugedeckt schmoren*
F *Räuchertofu unterheben und noch etwas schmoren und überkühlen lassen*
E *Hirse, Dinkelmehl und Eier untermischen, ca. 15 Minuten durchziehen lassen*

Dann Laibchen formen und entweder auf einem Backblech bei 180°C ca. 30 Minuten backen oder in einer Pfanne in Olivenöl braten. Dazu schmeckt köstlich Schafjoghurt mit etwas Kräutersalz, Dill, Prise Zucker und ev. ein kleiner Spritzer Essig dazu und versprudeln. Auch Salat je nach Saison passt dazu.

Tofu-Gemüselaibchen mit Paprikachutney

Zutaten:	200 g	Möhren sehr fein reiben
	200 g	Sellerie sehr fein reiben
	200 g	Porree der Länge nach durchschneiden und dann quer in feine Streifen schneiden
	1 Stk	Knoblauchzehe fein reiben
	5 Stk	Salbeiblätter fein schneiden
	100 ml	salzige Gemüsebrühe
	250 g	Tofu sehr fein zerdrücken oder raspeln
	1	Ei
	60 g	Dinkelvollmehl
	1 TL	gemahlener Kümmel
		Pfeffer, frisch gemahlen
		Kräutersalz
		Olivenöl

F *heißer Topf*
E *Olivenöl erhitzen*
M *Knoblauch und Porre glasig dünsten*
E *Möhren und Sellerie dazugeben und kurz anbraten*
M *pfeffern*
W *Gemüsebrühe angießen und alles 5 Minuten zugedeckt dünsten*
Die Masse in eine Schüssel geben und
H *Dinkelmehl unterrühren*
F *Salbei untermischen*
E *Ei und Tofu untermischen*
M *mit Kümmel und ev. noch Pfeffer würzen*
W *mit Kräutersalz abschmecken*

Aus der Masse mit nassen Händen Kugeln formen, in eine Pfanne mit heißem Öl legen und jede Kugel etwas flach drücken – auf diese Weise bekommt man schön gleichmäßig geformte Laibchen.

☞ *Sind Sie sehr empfindlich und vertragen in Fett Gebratenes nicht so, dann backen Sie die Laibchen im Rohr auf einem mit Backtrennpapier belegten Blech und bepinseln die fertigen Laibchen mit frischem Öl oder etwas frischer Butter.*

Dazu schmeckt herrlich Chutney und Bratkartoffeln mit schwarzem Sesam – siehe Seite 78.

Kalbfleischlaibchen mit Möhren, Zucchini und Schalotten auf dem Blech

Ein köstliches Sonntagsessen oder sehr beeindruckend, wenn Sie Gäste haben! Ist etwas aufwändig – aber der Erfolg ist Ihnen sicher.

Zutaten:

Zutaten:	20 g	altes Weißbrot 10 Minuten in warmem Wasser einweichen und ausdrücken
	40 g	Schalotten fein würfeln und in Öl etwas anschwitzen
	2 EL	gehackte Petersilie
	400 g	faschiertes Kalbfleisch (kann auch Pute oder Kaninchen sein)
	1	Ei
	1	Eigelb
	1 EL	mittelscharfer Senf
	50 g	Ricotta oder Ziegentopfen
	1	große Zucchini (ca. 300 g) der Länge nach 8 dünne Scheiben schneiden (Brotmaschine), bleibt etwas über, in Spalten schneiden
		Salz, Pfeffer Olivenöl
	350 g	kleine Möhren längs halbieren und in größere Stücke schneiden
	350 g	kleine Zucchini längs vierteln und in größere Stücke schneiden
	250 g	Schalotten, sind sie zu groß, teilen
	2 EL	Essig
	2 EL	gehackte Petersilie
	300 ml	Kalbsfond oder Gemüsebrühe
	30 g	Butter
		Salz, Pfeffer, Olivenöl

E *Kalbfleisch in eine Schüssel geben*

E *Brot, Ei und Eigelb untermischen*

M *Schalotten, Petersilie, Senf und Pfeffer untermischen*

W *salzen*

H *Ricotta unterrühren und 8 Laibchen formen und diese seitlich mit einer Zucchinischeibe umwickeln und mit einem Zahnstocher feststecken. Öl in einer Pfanne erhitzen und die Laibchen von beiden Seiten 4 Minuten anbraten und herausnehmen, Bratensatz mit dem Fond ablöschen, Butter und Petersilie zugeben und 3 Min. köcheln.*

Die Schalotten mit 2 EL Olivenöl, Essig, Salz und Pfeffer mischen, auf ein Backblech geben und im vorgeheizten Rohr bei 180°C 20 Minuten garen.

Möhren zugeben und weitere 20 Minuten garen, Laibchen und Zucchini am Blech verteilen und 15 Minuten garen, Fond auf Gemüse und Laibchen verteilen und 2 Minuten weiter garen – gleich servieren.

☞ *Sieht toll aus und schmeckt auch so.*
Dazu passen gebackene Kartoffeln oder Kartoffelpüree.

Orientalischer Gemüse-Eintopf mit Safran Couscous

Reicht für 8–10 Personen

Bestens geeignet, wenn Sie Gäste erwarten – schmeckt sensationell, man muss das Gericht am Vortag kochen, damit es durchziehen kann, Sie brauchen daher nicht nervös zu sein und haben jede Menge Zeit, um sich und den Tisch auf die Gäste vorzubereiten. Lassen Sie sich nicht von den vielen Zutaten abschrecken, es geht einfacher und schneller, als Sie denken.

Zutaten:	300 g	orange Süßkartoffeln, grob gewürfelt
	300 g	Möhren, grob gewürfelt
	300 g	Pastinake, grob gewürfelt
	1	rote Paprikaschote, grob in Stücke geschnitten
	1	gelbe Paprikaschote, grob in Stücke geschnitten
	1	große Fenchelknolle in größere Stücke schneiden
	1	große rote Zwiebel in größere Stücke schneiden
	2	mittelgroße Zucchini in größere Stücke schneiden
	3 EL	Olivenöl
	1 EL	Kreuzkümmel
	1 EL	Fenchelsamen
		Meersalz und frisch gemahlener Pfeffer

Für die Soße:

4	Knoblauchzehen, fein gerieben
3 EL	Olivenöl
1	Dose (400 g) gehackte Tomaten (oder frische)
400 g	gekochte Kichererbsen
250 ml	kräftiger Rotwein
1	Orange (ev. auch Zitrone, dann müssen Sie aber etwas Zucker zugeben), Schale abreiben und Saft pressen
2	Zimtstangen
12	große getrocknete Pflaumen, halbiert

Für den Couscous:

75 g	Sultaninen in kochendem Wasser 20 Min. einweichen
500 g	Couscous
2 TL	Safranfäden

150 g geröstete Mandeln
2 Bd Petersilie, fein gehackt
3 Stk Zitronen Schale abreiben und Saft auspressen
6 EL Olivenöl
Salz und frisch gemahlener Pfeffer

Den Backofen auf 220°C vorheizen!

In einen großen Bräter.

E *Süßkartoffeln, Möhren, Pastinaken, Paprikaschoten, Zucchini, Fenchel geben und mit dem Olivenöl mischen*
M *Zwiebel, Kreuzkümmel, Fenchel und Pfeffer untermischen*
W *salzen und wieder mischen*

und im vorgeheizten Ofen ca. 30–40 Minuten braten, bis das Gemüse weich und karamellisiert ist, dabei öfters mal umrühren.

In der Zwischenzeit die Soße zubereiten:

F *heißer Topf*
E *Olivenöl erhitzen und Pflaumen dazugeben*
M *Knoblauch dazu und anbraten*
M *Zimtstangen dazu geben*
W *Kichererbsen unterrühren*
H *Tomaten und Orangensaft unterrühren*
F *Orangenschale und Rotwein unterrühren und köcheln lassen, bis die Soße eindickt.*

Vom Herd nehmen und mit dem Gemüse vermischen; ist die Soße zu dick, etwas heißes Wasser unterrühren und über Nacht an einem kühlen Ort durchziehen lassen.

Am nächsten Tag: Couscous, Safran und Salz in einen größeren Topf geben, gut vermischen, mit kochendem Wasser bedecken und quellen lassen. Mit einer Gabel gleichmäßig auflockern, alle übrigen Zutaten untermischen, mit Salz und Pfeffer abschmecken und etwas durchziehen lassen. Zum inzwischen erhitzten Gemüse servieren.

☞ *Schmeckt umwerfend.*
Nichtvegetarier werden das Fleisch nicht vermissen!

Paprika-Chutney

Zutaten:	2	rote Paprika klein schneiden
	2	gelbe Paprika klein schneiden
	1	Aubergine in feine Würferl schneiden
	3	große Fleischtomaten grob würfeln (Ersatz außerhalb der Saison: teuerste Dosentomaten, zerdrückt)
	1	Zwiebel, fein gehackt
	2	Zehen Knoblauch, fein gerieben
	2 EL	Apfel- oder Mostessig
	1 EL	Ursüße
		Kräutersalz
	1 TL	Rosmarin getrocknet
	1 TL	Paprika edelsüß
	1 EL	Senfkörner
		Pfeffer, frisch gemahlen
		Olivenöl

F	*heißer Topf oder Pfanne*
E	*Olivenöl erhitzen*
M/E	*Zwiebeln anschmoren*
M	*Knoblauch unterheben*
E	*Aubergine, Paprika unterrühren*
M	*pfeffern*
W	*salzen*
H	*Tomaten und Essig unterrühren*
F	*Paprika und Rosmarin unterrühren*
E	*Zucker dazu geben*
M	*Senfkörner einrühren und alles ca. 1 Std. zugedeckt köcheln, bis eine sämige Konsistenz entsteht*
W	*ev. noch mit Salz abschmecken*

Beilage: **Sesamkartoffeln**

Einfach rohe, geschälte Kartoffeln der Länge nach vierteln und in einer Pfanne mit Öl zugedeckt auf kleiner Flamme knusprig braten, schwarzen Sesam und Salz untermischen und nochmals durchbraten – köstlich! Sie Können die Kartoffel auch am Backblech zubereiten.

20-Minuten-Pasta

Zutaten:	500 g	Pasta (am besten schmecken Spiralnudeln) in Salzwasser kochen
	5 Stk	reife Fleisch- oder Eiertomaten in kleine Würfel schneiden
	3	Jungzwiebeln in feine Streifen schneiden
	1	Dose Thunfisch, abtropfen und zerpflücken
	18 Stk	entkernte schwarze Oliven vierteln
	150 g	Büffelmozzarella in Würfel schneiden
	1 Bd	Basilikum klein schneiden
		Olivenöl
		Salz und Pfeffer
		frisch geriebenen Parmesan

E *Olivenöl in eine Schüssel geben*
M *Zwiebel und Pfeffer unterrühren*
W *Thunfisch unterheben*
H *Tomaten unterheben*
F *Oliven untermischen*
E *Büffelmozzarella vorsichtig untermischen*
M *Basilikum unterrühren*
W *salzen*

Pasta abtropfen lassen und unter die kalte Soße heben, mit Parmesan bestreut servieren. Ein herrliches Sommergericht für heiße Tage und sehr bekömmlich, da es nicht reine Rohkost ist.

Buchweizen-Crepes mit Pilzfüllung

Zutaten:	1	große rote Zwiebel fein hacken
	3	Knoblauchzehen fein reiben
	1 TL	Thymian, getrocknet (falls frisch, entsprechend mehr nehmen)
	3 EL	fein gehackte Petersilie
	1 EL	geriebene Zitronenschale
	750 g	Champignon blättrig schneiden
	200 ml	Weißwein
		Salz, Pfeffer, Zitronensaft
		Olivenöl
	1	Becher Schafjoghurt
	1 Bd	Schnittlauch, fein geschnitten
	200 ml	Sojamilch
	3	Eier
	75 g	Buchweizenmehl

F	*heiße Pfanne*
E	*Olivenöl erhitzen*
F	*Zitronenschale und Thymian anschwitzen*
E	*noch etwas Öl dazu*
M/E	*Zwiebel dazu*
M	*Knoblauch unterrühren und zugedeckt bei kleiner Flamme 5 Min. dünsten*
E	*Pilze dazugeben und braten*
M	*Petersilie und Pfeffer unterrühren*
W	*salzen*
H	*trockenen Weißwein angießen und einkochen, bis keine Flüssigkeit mehr da ist*
H	*mit Zitronensaft abschmecken und Schafjoghurt bis auf 4 EL unterrühren.*

Aus 200 ml Wasser, der Sojamilch, Eiern, Buchweizenmehl und Salz einen Teig machen und in Olivenöl 8 Crepes backen. Diese mit der Pilzsoße füllen, mit der Nahtseite nach unten in eine Auflaufform legen und bei 200°C im Rohr überbacken.

Mit einem Klecks Joghurt und Schnittlauch servieren.

Reis-Tofu-Gemüseeintopf

Zutaten:	1	große Kartoffel in ca. 1½ cm große Stücke schneiden
	1	Zwiebel fein hacken
	200 g	geräucherter Tofu in 1 cm große Würfel schneiden
	100 g	gekochter Langkornreis
	2	Möhren in kleine Würfel schneiden
	1	Kohlrabi in kleine Würfel schneiden
	100 g	Karfiol in kleine Röschen teilen
	je ½	grüner, roter und gelber Paprika in kleine Würfel schneiden
	3	Tomaten in Würfel schneiden
		Lorbeerblatt
		Knoblauchzehen fein reiben
	1 EL	Essig
	1 TL	Ingwer, frisch und gerieben
		Salz, Pfeffer, frisch gemahlen
	½ l	Hühner-, Rinder- oder Gemüsebrühe
		Olivenöl

F *heißer Topf*
E *Olivenöl erhitzen*
M/E *Zwiebel andünsten*
M *Knoblauch dazugeben und andünsten*
E *Kartoffel, Karfiol, Möhren und Paprika dazugeben*
M *Kohlrabi und Lorbeerblatt dazugeben und durchschmoren*
W *salzige Gemüsebrühe angießen*
H *Essig unterrühren und schmoren, bis das Gemüse weich ist*
H *Tomaten dazu und noch einmal durchkochen*
F *Tofu unterheben*
M *Ingwer und Reis unterrühren, nochmals aufkochen und pfeffern*
W *mit Salz abschmecken.*

Pilzragout mit Räuchertofu

Zutaten:	300 g	Räuchertofu in größere Würfel schneiden, mit einer Gabel einstechen und in 4 ELTamari-Soße marinieren
		große Zwiebel längs halbieren und in dünne Ringe schneiden
	500 g	Pilze in Scheiben schneiden (Champignon, gemischte Waldpilze etc)
	2	Knoblauchzehen fein reiben
	2 cm	frischen Ingwer fein reiben
	3 EL	Tomatenmark
	125 ml	Rotwein
	200 ml	Buttermilch oder gewässertes Schafjoghurt
	1 EL	salzige Gemüsepaste
	2 geh. EL	Basilikum, gehackt
	2 geh. EL	Petersilie, fein gehackt
		Kräutermeersalz
		frisch gemahlener Pfeffer
		ev. Pfeilwurzelmehl oder Maizena

F	*heiße große Pfanne*
E	*Olivenöl erhitzen*
M/E	*Zwiebelringe anschwitzen*
M	*Knoblauch und Ingwer zugeben und kurz andünsten*
E	*Pilze dazugeben und durchrösten, bis die Flüssigkeit aufgesaugt ist*
M	*pfeffern*
W	*Gemüsepaste unterrühren*
H	*Tomatenmark und Buttermilch unterrühren*
F	*Tofu dazugeben, Rotwein angießen und zugedeckt weich köcheln*
E	*mit Pfeilwurzelmehl eindicken (in Wasser angerührt)*
M	*mit Petersilie und Basilikum würzen*
W	*mit Kräutersalz abschmecken*

☞ *Dazu schmeckt wunderbar Reis, Nudeln, Polenta, Nockerln.*

Gnocchetti mit Bohnen, Kürbis und Kartoffeln

Zutaten:

600 g	gelb-oranger Kürbis, in Würfel geschnitten
200 g	gekochte Sojabohnen oder andere weiße Bohnen
	Zwiebel, fein gehackt
4	große reife Fleischtomaten würfeln (außerhalb der Saison beste Dosentomaten verwenden – ist immer noch besser als die geschmacklosen „Kunsttomaten", die nach nichts schmecken)
2	große mehlige Kartoffeln würfeln
2 EL	Olivenöl
	Meersalz, Pfeffer, 1 Prise Paprika
40 g	Butter
	reichlich Parmesan, frisch gerieben

Gnocchetti: aus 300 g Mehl, lauwarmem Wasser und Salz einen weichen Teig zubereiten, Gnocchetti schneiden und in Salzwasser weich kochen.

F	*heißer Topf*
E	*Olivenöl erhitzen*
M/E	*Zwiebel andünsten*
E	*Kürbis und Kartoffeln unterrühren*
M	*pfeffern*
W	*1 Tasse Wasser und die Bohnen einrühren*
H	*Tomaten unterrühren und ca. 1 Std. köcheln*
F	*Prise Paprika unterrühren*
E	*Butter einrühren*
E	*Gnocchi unterheben*
M	*mit Pfeffer würzen*
W	*salzen*

☞ *Mit Parmesan nach Geschmack servieren. Ist ein einfaches Gericht, kostet nichts und schmeckt köstlich – auch Ihre Kinder werden begeistert sein.*

Pilaw mit Adzukibohnen

Zutaten:

	200 g	Adzukibohnen in 1 l Wasser über Nacht einweichen, am nächsten Tag mit frischem Wasser weich kochen
	200 g	Vollbasmatireis in doppelter Menge Wasser weich kochen
	2	Knoblauchzehen fein reiben
	1 Stk	ca. 3 cm frischen Ingwer fein reiben
	4 EL	fein gehackte Petersilie
	1 TL	Kurkuma
	1 TL	Kreuzkümmel
	1 TL	scharfes Paprikapulver, 1 Prise Chili
	5	Pimentkörner im Mörser zerstoßen
	1	Zwiebel, fein gehackt
	2	Fleischtomaten grob hacken
	6 EL	Korinthen oder Rosinen
	5 EL	Pinienkerne in einer Pfanne ohne Fett goldgelb rösten
		Ursalz
	3 EL	Olivenöl
	500 g	Putenfleisch würfeln und in wenig Öl in einer Pfanne rundherum kräftig anbraten

F *große Pfanne erhitzen*
E *Olivenöl erhitzen*
F *Kurkuma anschwitzen*
E *Korinthen dazu geben*
M *2 EL Petersilie, Knoblauch, Chili, Piment, Ingwer und Kreuzkümmel unterrühren und bei schwacher Hitze 3 Minuten braten*
M *Zwiebel dazu geben*
W *salzen*
H *Tomaten unterrühren und weitere 10 Minuten schmoren*
F *Paprika unterrühren*
E *Pinienkerne unterrühren*
M *restliche Petersilie, das Fleisch und den Reis unterheben*
W *Adzukibohnen dazugeben und noch 20 Minuten durchziehen lassen.*

☞ *Schmeckt so schön nach Orient und weckt Urlaubserinnerungen.*

Überbackener Sommergemüseauflauf mit Polenta

Zutaten:	300 g	Auberginen in ca. ½ cm dicke Scheiben schneiden
	250 g	Zucchini in ca. ½ cm dicke Scheiben schneiden
	200 g	Fenchelgemüse fein in Scheiben geschnitten (bestens mit der Brotschneidemaschine)
	1	Zwiebel gehackt
	400 g	Fleischtomaten, grob in Würfel geschnitten (oder aus der Dose)
	1 EL	Tomatenmark
	1 TL	gemischte, getrocknete Kräuter (falls frisch, entsprechend mehr nehmen)
	18 Stk	schwarze Oliven, entkernt und in Stücke geschnitten
	1 EL	kleine Kapern
	150 ml	salzige Gemüsebrühe
	150 g	Büffelmozzarella in Würfel schneiden
	50 g	Parmesan
		Olivenöl

F *heißer Topf*
E *Olivenöl erhitzen*
M/E *Zwiebel weich dünsten*
E *Aubergine, Zucchini und Fenchel dazugeben*
M *Kräuter unterrühren*
W *Gemüsebrühe angießen*
H *Tomaten, Tomatenmark und Kapern unterrühren*
F *Oliven dazu geben und 15 Minuten garen.*

Die Gemüsemischung in eine gefettete Auflaufform geben, Büffelmozzarella leicht oberflächlich unterziehen, mit Parmesan bestreuen und im vorgeheizten Rohr bei 200°C überbacken.

☞ *Dazu schmeckt köstlich das Polenta Rezept auf der nächsten Seite. Koche ich die Polenta schon am Vortag, schneide ich sie in Scheiben und brate sie kurz – dann geht's schnell.*

Haben Sie keine Zeit, um Polenta zu kochen, dann essen Sie herrliches italienisches Weißbrot (Ciabatta) dazu, mit dem man dann noch den Rest am Teller auftunken wird, so gut schmeckt das Gericht.

Polenta

Zutaten:

	1	Zwiebel fein hacken
	1	Knoblauchzehe fein reiben
	½ l	Ziegenmilch mit ½ l Wasser vermischt
	1 EL	Gemüsepaste
	250 g	Maisgrieß
	50 g	Parmesan frisch gerieben
	1 Bd	Petersilie, fein gehackt
		Pfeffer, Muskatnuss, frisch gerieben
		Piment und Koriander, gemahlen
		Ursalz
		Spritzer Essig

F *heißer Topf*
E *Milch-Wassergemisch zum Kochen bringen und Maisgrieß einrieseln lassen*
M *Zwiebel und Knoblauch einrühren*
W *salzige Gemüsepaste untermischen*
M *alle Gewürze außer Petersilie und Parmesan einrühren und bei mäßiger Hitze 10 Minuten kochen lassen – dabei immer wieder umrühren! Herdplatte ausschalten und 20 Minuten nachquellen lassen.*
M *Petersilie unterheben*
W *salzen*
H *kleinen Spritzer Essig dazu – nur um das Element zu haben*
F *Parmesan unterrühren.*

☞ *Polenta passt zu vielen Gerichten, besonders zu solchen, die Tomaten und Bohnen enthalten. Polenta kann auch solo – gegrillt oder gebraten, mit Salat der Saison – gegessen werden, ein ganz billiges, schnelles und dabei köstliches, vegetarisches Gericht.*

5-Elemente Abendessen – mit Leichtigkeit den Tag beschließen

Die Kranken geben bei weitem nicht so viel Geld aus,
um gesund zu werden,
wie die Gesunden, um krank zu werden.

Nestroy

Eure Lebensmittel sollen Heilmittel und eure
Heilmittel Lebensmittel sein.

Paracelsus

Die wichtigsten Mahlzeiten des Tages sind selbstverständlich Frühstück und Mittagessen. Dadurch, dass heute die meisten Menschen im Beruf stehen und es auch zum Unterschied von früher viele Singles gibt, wartet kein herrlich duftendes Abendessen auf uns, sondern wir sind gefordert, uns nach dem Job, hundemüde und ausgelaugt, selbst zu versorgen. Dazu kommt noch, dass viele kein ordentliches Mittagessen zu sich nehmen („keine Zeit"?), sie sich nach etwas Essbarem sehnen und dann wahllos nach Irgendwas aus dem Kühlschrank greifen.

Haben Sie schon mal darüber nachgedacht, dass Kochen – auch zu zweit – etwas wunderbar Entspannendes sein kann? Man muss den eigenen „Schweinehund" überwinden – versuchen Sie's mal! Die Vorfreude, das Wahrnehmen der herrlichen Düfte und das Bewusstsein, dass Sie sich selbst und auch ihrer Familie Gutes in jeder Weise tun, anschließend der Genuss beim Essen – wollen Sie auf all dies verzichten?

Selbstverständlich muss ich auch darauf vorbereitet sein und wissen, WAS koche ich – ein leerer Kühlschrank und eine leere Vorratskammer helfen nicht – wiederum: Management wie im Beruf ist angesagt.

Herrliche gehaltvolle Suppen, leichte Eintöpfe, Risotto in allen Variationen, leichte Fleisch- und Fischgerichte, neutral zubereitet und gewürzt, erzeugen echtes Wohlbefinden und Entspannung anstatt Völlegefühl und Belastung.

Es gibt auch viele Gerichte, die sich vorbereiten lassen, die die Zwischenzeit bis zum Abend im Kühlschrank überdauern und abends nur mehr in das Backrohr geschoben werden müssen. Bis das Gericht fertig ist, können Sie die Füße auf den Tisch legen und sich erholen; brauch ich das nicht, kann ich schon das Frühstück für den nächsten Tag planen und vorkochen.

Speziell im Winter gibt es herrliche Eintöpfe, die durchaus auch nächsten Tag vorsichtig aufgewärmt, herrlich schmecken – ist immer noch gesünder als Tiefkühlgerichte.

Im Sommer schafft man durch Kochen von größeren Portionen von Nudeln oder Reis etc. schon die Basis eines herrlichen Salates für den nächsten Tag – so einfach ist das.

Sind Sie in der glücklichen Lage, zu Mittag ausreichend essen zu können, dann genügt am Abend eine Kleinigkeit, z.B. eine herrliche warme Suppe im Winter oder Kartoffel und Kürbis gebacken, mit Fenchel und Kümmel bestreut – ev. ein Spiegelei dazu. Einen köstlichen, leichten Salat aus gekochten Nudeln und gekochtem Gemüse mit Schafjoghurtdressing und vielen Kräutern im Sommer, Resteverwertung von übrig gebliebenem Fleisch mit Gemüse und vielen Kräutern samt Dressing. Oder eine wunderbare Beerengrütze mit Vanillesauce.

Seien Sie kreativ! Sie werden sehen, dass Sie Spaß daran haben, eigene Rezepte zu erfinden, aus wenig Vorhandenem ein tolles Gericht zu machen – es genügt, spart Geld und lässt die Hüften nicht runder werden.

Spätes und schwer verdauliches Essen am Abend belastet den Organismus, befeuchtet und verschleimt, ist Hauptursache für hohen Cholesterinspiegel, Antriebslosigkeit und ist auch Hauptursache dafür, dass man in der Früh keinen Hunger hat – man hat noch immer nicht verdaut!

Ab 19.00 Uhr wird die Verdauungsfähigkeit eklatant reduziert, daher ist es so wichtig, ab dieser Zeit absolut nichts mehr zu essen – ein Glas Wein ist natürlich erlaubt – Genuss ist was Wunderbares!

Übergewichtige, ältere und Personen mit Schwäche der Mitte sollten abends wenig oder keine Kohlehydrate zu sich nehmen, speziell in Form von Brot und Getreidegerichten, wirkt sehr belastend, schwer verdaulich und raubt dadurch noch Energie und erholsamen Schlaf.

Auch Rohkost (Salat oder frisches Obst) wirkt belastend und bedarf einiger Energie – allein dadurch, dass sie nach dem Verzehr vom Körper auf 37°C erwärmt werden muss. Für Menschen, die Qi-Schwäche haben und Kältetypen sind, eine Katastrophe.

Mozzarella mit Kartoffelkruste

Für 4 Personen als Hauptgericht – schmeckt aber auch herrlich als Vorspeise, dann reicht es für ca. 10 Personen.

Zutaten:

600 g	Büffelmozzarella in ca. 1 cm dicke Scheiben schneiden
1 kg	mehlige Kartoffeln fein reiben
2	große Äpfel fein reiben
6 TL	Zitronensaft
4	Eidotter
1 TL	getr. Majoran, frisch ½ Bund
1 TL	getr. Thymian, frisch ½ Bund
3	geh. EL Speisestärke
	Ursalz
	Mehl zum Wenden
	Öl zum Braten

E	*In einer Schüssel Kartoffeln, Äpfel und Dotter vermischen*
M	*Majoran unterrühren*
W	*salzen*
H	*Zitronensaft unterrühren*
F	*Thymian unterheben*
E	*Speisestärke unterheben*

Mozzarellascheiben in Mehl wenden. Öl in einer beschichteten Pfanne erhitzen, mit einem großen Löffel jeweils einen Klecks in Größe einer Mozzarellascheibe in die Pfanne geben, eine Scheibe Mozzarella darauf legen und wiederum mit einem Klecks Kartoffelmasse zudecken – so, dass vom Mozzarella nichts mehr zu sehen ist. Von jeder Seite ca. 5 Minuten braten. Mit Kräutersauce oder Kräuterjoghurt servieren.

Zucchini-Feta-Spaghetti

Zutaten:

Zutaten:	300 g	Feta in Würfel schneiden – ca. 1,5 cm
	3	Eier verquirlen
	300 g	Zucchini grob reiben
	100 g	Sesam
	1	Prise Chilipulver
	300 g	Spaghetti
		Olivenöl
		Rapsöl
	1 TL	getr. Oregano oder 1 Bd, frisch und gehackt
		Ursalz
		kleiner Spritzer Zitronensaft – nur so viel, dass das Element eingebracht wird

Spaghetti in Salzwasser kochen, Fetawürfel in der Eimasse wenden und dann in Sesam, etwas andrücken und in Rapsöl vorsichtig hellbraun braten und warm halten.

F *heiße Pfanne*
E *Olivenöl erhitzen*
E *Zucchini kräftig anbraten*
M *Chili und Oregano untermischen und kurz schmoren*
W *salzen*
H *Zitronensaft*
F *Fetawürfel unterheben*
E *Spaghetti unterheben und ein wenig durchziehen lassen*

☞ *Schmeckt einfach köstlich und ist ganz schnell fertig!*

Gebratener Spargel

Zutaten:

1 kg	dicker, weißer Spargel, schälen und in Mehl wenden (je dicker der Spargel, um so wertvoller ist er – teuerster und bester ist der dickste Spargel)
150 g	fein geriebener Parmesan
4	Eier verquirlt
1 EL	heller und
1 EL	schwarzer Sesam
6 EL	Mehl
	Ursalz und Cayennepfeffer
	Öl zum Braten

F *Parmesan in eine längliche Schüssel geben (Spargel soll darin Platz finden)*
E *Eimasse und Sesam unterrühren*
M *Pfeffer unterrühren*
W *salzen*

Die bemehlten Spargelstangen in der Panade wälzen und in Pflanzenöl backen. Sofort mit Salat der Saison servieren – entweder roh oder bei Qi Schwäche aus gekochtem oder blanchiertem Gemüse.

☞ *Die TCM sagt, man sollte täglich alles essen, d.h. Getreide, Gemüse, tierisches oder pflanzliches Eiweiß, Gemüse, Hülsenfrüchte etc. Unter anderem sind z.B. Hülsenfrüchte etwas sehr Gesundes. Darum kochen Sie immer etwas Hülsenfrüchte auf Vorrat, im Kühlschrank aufheben und dann pro Kopf 1 gehäuften EL davon unter jeden Salat mischen – egal, ob Linsen, Bohnen oder Kichererbsen. Es schmeckt ausgezeichnet, und so einfach kann ich täglich Hülsenfrüchte konsumieren. Esse ich keinen Salat, dann gebe ich in die Suppe Bohnen, zu einem Auflauf oder Pilaw. Ihrer Phantasie sind keine Grenzen gesetzt.*

Spargel-Risotto

Zutaten:	500 g	grüner Spargel, die Enden etwas schälen und dann in 2 cm lange Stücke schneiden
	50 g	frisch geriebenen Parmesan
	250 g	Rundreis
	1/8 l	trockenen Weißwein
	6 EL	Olivenöl
	1 EL	Butter
	1	Zwiebel fein hacken
		Ursalz
		Pfeffer, frisch gemahlen
		Spritzer Essig oder Zitronensaft – nur um das Element zu haben

F	*heiße Pfanne mit höherem Rand*
E	*Olivenöl erhitzen*
M/E	*Zwiebel andünsten*
E	*Spargel dazugeben und anbraten*
M	*Reis anschmoren*
M	*trockenen Weißwein angießen*
W	*nach und nach 800 ml warmes Wasser angießen und immer wieder umrühren, bis der Reis weich ist*
H	*Spritzer Essig oder Zitronensaft unterrühren*
F	*Parmesan unterrühren*
E	*Butter unterrühren*
M	*leicht pfeffern*
W	*salzen*

☞ *Geht ganz schnell und ist prima!*

Gebratener Spargel mit Ziegenfrischkäse-Crepes

Zutaten:

1 Bd	Basilikum in feine Streifen schneiden
100 g	Mehl
1	Ei
250 ml	Milch (Soja-, Ziegen- oder Mandelmilch oder Mineralwasser)
	Ursalz
	Pfeffer, frisch gemahlen
	Olivenöl
200 g	Ziegenfrischkäse
40 g	Parmesan, frisch gerieben
100 g	Walnusskerne goldgelb rösten und grob hacken
75 g	Honig
3 EL	scharfer Senf
2 EL	Essig
1 TL	Rosmarin, fein gehackt
1 kg	weißen Spargel schälen und in große Stücke schneiden

E *Milch, Mehl, Ei und 2 EL Olivenöl versprudeln*
M *die Hälfte der Basilikumstreifen unterrühren und pfeffern*
W *salzen und daraus 4 Crepes backen*
F *Ziegenkäse in eine Schüssel geben*
E *1 TL Olivenöl unterrühren*
M *die restliche Hälfte der Basilikumstreifen dazugeben und pfeffern*
W *salzen und vermischen, damit die Crepes füllen, diese in eine ofenfeste Form legen und mit Parmesan bestreuen.*

H *Essig in eine Schüssel geben*
F *Rosmarin unterrühren*
E *Honig und Walnüsse einrühren*
M *Pfeffer und Senf unterrühren*
W *salzen*

Den Spargel in einer großen Pfanne in Olivenöl goldbraun braten, pfeffern, salzen, mit 50 ml Wasser aufgießen und zugedeckt 10 Min. schmoren. Die Honigmischung dazugeben und offen ein mal aufkochen.

In der Zwischenzeit haben wir die Crepes im Rohr bei 200°C überbacken Spargel und die Crepes auf Tellern anrichten. Der Aufwand ist nicht so schlimm, aber es lohnt – ist fast haubenverdächtig!

Kürbis-Kartoffelpfanne

Zutaten:	1 kg	Kürbis schälen und in grobe Würfel schneiden
	400 ml	Geflügelfond
	400 g	Kartoffeln in Stücke schneiden
	250 g	Huhn oder Pute in Würfel schneiden
	1	rote Paprika in Stücke schneiden
	4	Frühlingszwiebeln in Stücke schneiden
	2 EL	Essig
	1 TL	Zucker
		Öl, Ursalz und Pfeffer
	1	Prise Paprika
	1	Prise Chili
	1 EL	Senfkörner
	2	Lorbeerblätter
	½ Bd	Petersilie, gehackt

F *heißer, flacher Topf*
E *3 EL Öl erhitzen*
E *Kürbis darin unter Wenden ca. 5 Minuten braten*
M *mit Senfkörnern, Chili und Lorbeerblättern würzen*
H *mit Fond aufgießen und 10 Minuten zugedeckt schmoren*
W *salzen*
H *mit Essig abschmecken*
F *Prise Paprika unterrühren*
E *mit Zucker abschmecken*

Inzwischen
F *heiße Pfanne*
E *3 EL Öl erhitzen*
E *Kartoffeln darin 10 Minuten braten dann Paprika zufügen*
M *Putenfleisch zugeben und weitere 5 Minuten braten,*
M *Lauch oder Frühlingszwiebeln und Pfeffer dazugeben, nochmals 5 Minuten zu Ende braten*
W *salzen*

Beide Gerichte gut vermischen, etwas durchziehen lassen und mit Petersilie bestreuen.

Spaghetti mit Kürbissauce

Zutaten:	300 g	Spaghetti in Salzwasser weich kochen (al dente ist schwerer verdaulich)
	600 g	Kürbis netto (also ohne Schale) in 1 cm große Würfel schneiden
		Zwiebel fein hacken
		kleine Salbeiblätter, gehackt
	1 TL	getrockneter Rosmarin (falls frisch, entsprechend mehr nehmen)
	120 g	durchzogenen Speck in Würferl schneiden
		Ursalz, Pfeffer
	50 g	Parmesan frisch gerieben
		Olivenöl

F *heißer Topf*
E *Olivenöl erhitzen*
E *2/3 der Kürbiswürfel anbraten*
M *mit Pfeffer würzen und Zwiebel unterrühren*
W *salzen, ca. 5 EL Wasser dazugeben und 5 Minuten köcheln lassen*
mit dem Pürierstab mixen

F *heiße Pfanne*
E *Olivenöl erhitzen*
F *Salbeiblätter und Rosmarin dazu geben*
E *Speck und restlichen Kürbis dazu und knusprig braten*

Zum Kürbispüree geben, mit den Nudeln vermischen und mit Parmesan bestreut servieren.

Pilzrisotto

Zutaten:	30 g	getrocknete Steinpilze in 3/4 l warmem Wasser einweichen
	150 g	Zwiebel fein hacken
	1	Knoblauchzehe fein hacken
	1 TL	Rosmarin
	80 g	Butter
	4 EL	Olivenöl
	300 g	Rundreis
	400 g	Eierschwammerl oder gemischte Pilze ev. zerkleinert
		großes Glas trockenen Weißwein
		Pfeffer, frisch gerieben
		Ursalz, ein paar Tropfen Zitronensaft
	50 g	Parmesan gerieben

F	*heiße Pfanne*
E	*Öl erhitzen*
M/E	*Zwiebel anschmoren*
F	*Rosmarin dazugeben*
E	*frische Pilze und Steinpilze dazugeben (Einweichwasser aufheben)*
M	*Knoblauch dazugeben und weich schmoren*
M	*mit Wein aufgießen*
M	*Reis zugeben, etwas braten, dann pfeffern und Rosmarin dazu geben*
W	*nun schöpferweise mit dem Einweichwasser begießen und immer wieder die Flüssigkeit aufsaugen lassen, dann erst wieder nachgießen –bis der Reis weich ist, ev. noch mehr Flüssigkeit zugießen.*
H	*einen kleinen Spritzer Zitronensaft unterrühren*
F	*Parmesan unterrühren*
E	*Butter unterrühren – will man es weniger kräftig, Butter weg lassen.*

Schafkäse-Hirse-Laibchen

Zutaten:	150 g	Hirse in 375 ml Salzwasser 10 Minuten kochen und 20 Minuten quellen lassen (bestens am Vortag gekocht, dann geht es schnell – oder es ist vom Frühstück übrig?)
	100 g	Wurzelgemüse (Karotten, Pastinaken, Sellerie, Topinambur etc.) klein geschnitten oder geraffelt
	100 g	fester Schafkäse, zerbröselt
	2	Eier getrennt, Eiweiß steif schlagen
	1	Knoblauchzehe, fein gerieben
	1 Bd	gemischte Kräuter (Petersilie, Schittlauch, Majoran) oder jeweils 1/4 TL getrocknet
		Ursalz und Pfeffer, frisch gemahlen

E	*gekochte Hirse in eine Schüssel geben*
F	*Schafkäse untermischen*
E	*Eidotter und Gemüse unterrühren*
M	*Knoblauch und Kräuter unterrühren*
E	*geschlagenes Eiweiß unterheben*
M	*pfeffern*
W	*salzen*

Mit nassen Händen Laibchen formen und in Pflanzenöl braten. Dazu gibt's im Sommer Salate oder in der kühlen Jahreszeit, geschmortes Gemüse.

Kürbiscurry mit Reis

Zutaten:	¼ l	Vollbasmatireis
	1 Stk	Ingwer ca. 3 cm, 1 mal durchschneiden
	750 g	Kürbisfleisch in ca. 2 cm große Würfel schneiden
	2	Knoblauchzehen fein reiben
	4	Frühlingszwiebeln mit Grün in Ringe schneiden
	2 TL	Senfkörner
	300 ml	Kokosmilch
	2	gehäufte TL Currypulver
	30 g	Ingwer, frisch gerieben
	3 TL	Zitronensaft
		Pflanzenöl
		Ursalz

Reis in einem Topf anrösten, bis er gelblich wird, Ingwer dazugeben und mit ½ l warmem Wasser aufgießen, etwas salzen und zugedeckt garen, noch besser, Sie hätten gekochten Reis auf Vorrat.

F	*heiße Pfanne*
E	*Öl erhitzen*
M/E	*Zwiebel anschwitzen*
M	*Senfkörner und Knoblauch dazu und anbraten*
E	*Kürbis einlegen und Kokosmilch zugießen*
M	*Ingwer und Curry unterrühren*
W	*300 ml warmes Wasser unterrühren und 5 Minuten zugedeckt garen, anschließend nochmals offen 5 Minuten köcheln – öfters umrühren*
W	*salzen*
H	*mit Zitronensaft abschmecken*

Auf Tellern mit Reis anrichten, eventuell mit Koriandergrün oder Petersiliengrün garnieren. Wer mag, kann noch etwas frische Butter unterrühren.

Hühnertopf mit Kartoffeln

Zutaten:	4	große Hühnerkeulen
	½ l	Hühnerbrühe (bestens selbst gemacht)
	¼ l	trockener Weißwein
	600 g	mehlige Kartoffeln in 2 cm große Stücke schneiden
	1	große Zwiebel fein hacken
	2	Lorbeerblätter
	6 EL	Olivenöl
	8 Stk	Sardellenfilets hacken
	3 EL	kleine Kapern
	1 Bd	Petersilie fein hacken
		Pfeffer und Ursalz
	1 EL	Zitronensaft
		kleinen Schuss Bier oder 1 Prise Paprika (nur um das Element zu haben)

F *heißer Topf*
F *Hühnerbrühe zum Kochen bringen*
E *halbes Olivenöl eingießen*
M *pfeffern und Weißwein zugießen*
W *salzen*
H *Hühnerkeulen und Zitronensaft dazugeben und 15 Minuten zugedeckt köcheln*
F *Bier oder Prise Paprika dazu*
E *Kartoffeln und die andere Hälfte des Öls dazu geben*
M *Zwiebel und Lorbeerblätter dazu geben und so lange köcheln, bis alles weich ist.*
M *pfeffern und Petersilie einrühren*
W *salzen und Sardellen einrühren*
H *Kapern unterrühren und kurz durchkochen*

Man kann natürlich auch ein ganzes Huhn auf diese Weise zubereiten.

Zucchini-Omelette mit Kartoffeln und grünen Oliven

Zutaten:	400 g	gekochte Kartoffeln in ½ cm dicke Scheiben schneiden
	2	mittelgroße Zucchini in ½ cm dicke Scheiben schneiden
		Olivenöl
	1 Bd	Frühlingszwiebeln(die unansehnlichen Enden wegschneiden) in Ringe schneiden
	1	Knoblauchzehe fein hacken
	½ TL	Thymian getrocknet (falls frisch, entsprechend mehr nehmen)
	8	Eier mit 2 EL Wasser versprudeln
	40 g	grüne Oliven (ohne Stein) grob hacken
		Ursalz, Pfeffer, frisch gemahlen

2 EL Olivenöl in einer beschichteten Pfanne erhitzen, die Kartoffelscheiben darin braten und herausnehmen. Wieder 2 EL Öl in die Pfanne geben, erhitzen und in Portionen die Zucchinischeiben goldgelb braten und herausgeben. Mit etwas Öl in der Pfanne Zwiebel und Knoblauch anschmoren, dann mit den Kartoffeln und Zucchini vermischen, mit Pfeffer, Salz und Thymian würzen.

Ofen auf 200 Gad vorheizen, Kartoffelgemisch in einer flachen, großen Auflaufform verteilen, mit der Eimasse übergießen und mit den Oliven bestreuen. Backen, bis die Eier gestockt sind.

Eine tolle Sache, schmeckt auch kalt; Salat dazu und Fladen- oder Knäckebrot.

Forellenfilet mit Kürbis-Kartoffelrösti

Zutaten:	4	Forellenfilets
		Kräutersalz und etwas Mehl zum Wenden
	250 g	Kürbisfleisch grob raffeln
	400 g	mehlige Kartoffeln, ebenfalls grob raffeln
	1 Stg	Lauch oder 4 Frühlingszwiebeln mit Grün in Ringe schneiden
		Ursalz und frischer oder getrockneter Thymian
	4–6 EL	Olivenöl

F *Thymian in eine Schüssel geben und mit*
E *Kürbis und Kartoffeln vermengen*
M *Lauch oder Zwiebeln untermischen*
W *salzen*

Öl in einer großen beschichteten Pfanne erhitzen, das Rösti darin verteilen, etwas andrücken und 10 Minuten braten – nicht zu hohe Temperatur, damit es nicht schwarz wird!

Dann das Rösti auf einen großen Teller – soll größer als die Pfanne sein, gleiten lassen – etwas Öl in die Pfanne – diese über den Teller stürzen, das Ganze umdrehen und diese Seite 10 Minuten braten.

Inzwischen den Fisch mit Kräutersalz würzen, in Mehl wenden und in Sojaöl (schmeckt am besten) bei niedriger Temperatur von beiden Seiten braten.

☞ *Ein köstliches Gericht – schmeckt herrlich – ist bekömmlich und geht ganz schnell. Etwas Salat oder im eigenen Saft geschmortes Gemüse dazu – traumhaft!*

Gönnen Sie sich auch mal ein Glas Wein dazu – warum nicht? Sie können natürlich zum Rösti alles machen, z.B. ein Steak, natur gebratene Kalbsleber (nur in Mehl wenden – kurz von beiden Seiten braten und dann erst salzen, sonst wird sie hart!), oder Räuchertofu etc.

Tofu-Reisbällchen

Zutaten:	200 g	geräucherter Tofu in Würferl schneiden
	300 g	gekochter Vollbasmatireis
	3 EL	Semmelbrösel
	70 g	feine Haferflocken
	3–4 EL	Ziegen- oder Sojamilch
	2	Eier
	1 TL	frischer Ingwer, fein gerieben
	3 EL	helle Sojasoße, Ursalz, Pfeffer frisch gemahlen
	5 EL	fein würfelig geschnittenes Gemüse (Karotten, Lauch und Sellerie z.B.)
	½	Zitrone, Saft auspressen
		Öl zum Braten

E *Tofuwürfel, Brösel, Sojamilch, Eier und Gemüse in einer Schüssel vermischen*

M *Ingwer, Reis, Haferflocken und Pfeffer unterrühren*

W *helle Sojasoße und Salz unterrühren*

H *Zitronensaft unterrühren und mind. 15 Min. durchziehen lassen.*

Beilage: Gemüse, Salat, Kräuterschafjoghurt etc. – je nach Jahreszeit und Konstitution.

Tofu-Reislaibchen

Zutaten:

Zutaten:	200 g	gekochter Reis
	200 g	Tomaten, entkernen und in kleine Stücke schneiden
	1	Zwiebel, fein gehackt
	100 g	Erbsen
	100 g	Karotten fein raffeln
	200 g	Räuchertofu in kleine Würferl schneiden
	½ Bd	Petersilie fein hacken
	½ Bd	Basilikum fein hacken
	3 EL	Semmelbrösel
		Pfeffer, Meersalz
	50 g	Parmesan, frisch gerieben
	2	Eier
		Olivenöl

F	*heißer Topf*
E	*Olivenöl erhitzen*
M/E	*Zwiebel anschmoren*
E	*Erbsen, Karotten und Tofu untermischen und 10 Minuten schmoren*
M	*pfeffern*
W	*salzen*
H	*Tomaten dazugeben, durchschmoren und den Topf vom Herd nehmen, etwas überkühlen lassen*
F	*Parmesan untermischen*
E	*Eier und Semmelbrösel unterheben*
M	*Reis, Petersilie und Basilikum unterheben*
W	*wenn nötig, salzen*

Aus obiger Menge mit nassen Händen Laibchen formen und in heißem Olivenöl braten. Als Beilage Salat der Saison oder im eigenen Saft geschmortes Gemüse oder Kräuterjoghurt dazu, je nach Jahreszeit und Konstitution.

☞ *Tipp: Tomaten entkernt man so, dass man sie quer durchschneidet, jede Hälfte in die Hand nimmt und die Kerne heraus drückt – ganz einfach.*

Toskanisches Olivenbrot

Wenn Sie abends mal Gäste haben und ein oder zwei Gläser herrlichen Wein trinken möchten, will ich Ihnen dieses traumhafte Rezept nicht vorenthalten.

Zutaten:

Zutaten:	450 g	Weizenmehl Type 550
	1 TL	Ursalz
	1/4 TL	Pfeffer
	1/2	Würfel Biohefe
	250 ml	lauwarmes Wasser
	7 EL	Olivenöl
	250 g	schwarze Oliven, in Stücke schneiden
	2 geh. EL	Rosmarinnadeln

Hefe in lauwarmem Wasser auflösen. Mehl in eine Schüssel geben, Salz und Pfeffer unterheben, die Hefe-Wassermischung und das Olivenöl dazugeben und alles zu einem festen Teig verkneten. Zugedeckt ca. 30 Min. an einem warmen Ort gehen lassen.

Den Teig anschließend kräftig 5 Minuten kneten, schlagen und zugedeckt Weitere 30 Minuten gehen lassen. Die entsteinten und geschnittenen Oliven sowie die Rosmarinnadeln unter den Teig kneten.

Den Backofen auf 225°C vorheizen. Zwei Backbleche mit Backtrennpapier belegen, den Teig in 2 Portionen teilen, jede zu einem Fladen von ca. Backblechgröße ausrollen und auf das Blech legen. Wieder zugedeckt 15 Minuten gehen lassen.

Dann mit einem scharfen Messer den Teig rautenartig einschneiden und mit etwas Olivenöl bestreichen. Im Rohr nacheinander ca. 25 Minuten goldgelb backen.

☞ *Mir schmeckt das Brot noch fast besser, wenn ich statt der Oliven getrocknete Tomaten (weich in Öl eingelegte) verwende.*

Ein paar Tips, damit Sie besser schlafen können

Schlaf – die Quelle für Yin

Schlafen ist neben richtiger Ernährung die wichtigste Sache, um gesund zu sein. Man hört immer den Ausspruch, wie wichtig der Schlaf vor Mitternacht sei. Ist auch vollkommen richtig, denn zwischen 22 Uhr und 1 Uhr in der Früh wird im Schlaf das Yin aufgebaut, nachher das Yang.

Das erklärt auch, warum Nachtarbeiter immer aggressiver werden – das Yin kann sich zu wenig aufbauen. Durch Stress, Sorgen, zu viel Arbeit, auch einfach nicht schlafen gehen wollen, Fernsehen, bis die Augen brennen, sind wir so aus dem Gleichgewicht und aus der Ruhe gebracht, dass wir zu wenig und oftmals auch gar keinen Schlaf bekommen, weil wir nicht abschalten können.

Fernsehen ist leider zu einer „Volkskrankheit" geworden. Das Gehirn wird schon untertags so mit Reizen überflutet – und abends dann noch in den Kasten schauen? Um zur Ruhe zu kommen, gibt es einige Möglichkeiten:

- Atemübungen vor dem Zubettgehen, entspannende Musik hören, progressive Muskelentspannungen machen, ein wenig lesen, ein entspannendes Bad nehmen – einfach los lassen und ein wenig nachhelfen:
- Kochen Sie sich abends einen dünnen Grießbrei – länger köcheln, süßen Sie ihn mit Rübensirup oder Honig.
- Machen Sie sich Ziegenmilch heiß, kochen Sie Safran mit und süßen Sie mit Honig.
- Weizentee: eine Hand voll Weizen in ½ l Wasser eine halbe Stunde köcheln und dann den Absud trinken.
- 250 g getrockneter Longan in 1 l Rotwein angesetzt (1 Woche im Kühlschrank). Abends ein kleines Gläschen getrunken, stärkt das Gedächtnis und lässt durchschlafen. Vorsicht bei Schleim!

Schlafen Sie trotzdem nicht, dann sind Sie so im Ungleichgewicht, dass Sie sich behandeln lassen sollten.

5-Elemente Küche gegen Übergewicht ein Wegweiser zu neuer Lebensqualität

In der einen Hälfte des Lebens opfern wir
unsere Gesundheit, um Geld zu erwerben.
In der anderen Hälfte opfern wir Geld,
um die Gesundheit wieder zu erlangen.

Voltaire

Maßvolles Essen fördert die Talente, erweckt das
Genie, reinigt das Selbst und hält den Körper gesund.

Arabisches Sprichwort

Die Menschen sind verunsichert durch fast täglich anders lautende Abnehmpraktiken, haben oft schon sinnlose und krank machende Crash-Diäten hinter sich, sind verzweifelt, verunsichert, frustriert und dadurch geschwächt.

Den richtigen Spagat zu finden, um überzeugen zu können, dass die erworbenen Rundungen am falschen Platz nicht in 2 Wochen weg sein können, die Sie sich innerhalb von Jahren hinaufgefuttert haben, ist nicht leicht.

Folgende Kriterien sind mit eine Ursache für Neigung zu Übergewicht:

- *Die Konstitution* des Einzelnen. Diese setzt sich aus der vorgeburtlichen und nachgeburtlichen zusammen. Die vorgeburtliche Konstitution begleitet uns ein Leben lang, die nachgeburtliche ist hingegen veränderbar durch unseren Lebenswandel – sprich Ernährung, Schlaf, Medikamente, Drogen, Emotionen etc. Konstitutionelle Beschwerden sind immer chronisch.
- *Die Kondition* ist immer der aktuelle, akute Gesundheitszustand, hervorgerufen durch klimatische Verhältnisse, Ernährung und Emotionen. Diesen Zustand kann man innerhalb von 3–4 Monaten verändern.

3 klassische Konditionen möchte ich anführen:

- der Feuchte Hitze Typ: hoher Blutdruck, hohe Cholesterinwerte
- Menschen mit Nieren- und Milz-Yang-Mangel: klassische Rohkostesser und ältere Menschen
- Menschen mit Übergewicht aus Leber Qi-Stagnation: falsche Ernährung und vor allem schlechte Emotionen

- *Der Beruf* des Menschen erfordert auch unterschiedliche Bedürfnisse in der Ernährung.
- *Die Jahreszeit und das Klima* – man sollte sich in der warmen Jahreszeit anders ernähren als in der kalten. Herrscht trockenes oder feuchtes Klima? Ist es heiss, kalt oder windig?

Bei Nichtbeachtung vorstehender Kriterien und natürlich auch Unmässigkeit beim Essen, kommt es zu Ungleichgewicht im Körper und unter anderem zu Übergewicht. Alleine das Wissen, dass es nicht nur am zu viel Essen liegt, sondern es eben sehr schwerwiegende andere Gründe gibt, macht Mut und man ist eher bereit, etwas an so manchen Gewohnheiten zu ändern.

Als Einstieg in die Ernährungsumstellung wäre für Kältetypen eine Grünkernkur das non plus ultra, für Hitzetypen eine Reiskur (genaue Ausführung nachstehend). Als Zeitpunkt würde sich das Frühjahr oder der Herbst anbieten. Bitte achten Sie darauf, dass die Außentemperatur nicht unter 15°C ist, sonst fängt man an zu frieren und das schadet dem Immunsystem.

Diese Kuren dienen hauptsächlich der Entschlackung und Entgiftung der Leber, sind einfach durchzuführen, es gehören nur ein wenig Disziplin und absoluter Wille dazu. Indem Sie sich auch richtig satt essen können, ist daneben die Ausübung des Berufes ohne weiteres möglich, außerdem purzeln gleich einmal ein paar Kilo.

Generelle Tips zur Gewichtsreduktion

- *Zucker* in jeder Form (wie Schokolade, Süßigkeiten, süßer Senf, Cetchup, gesüßte Getränke etc.) Cola, Lightgetränke, Süßstoff sind absolut verboten.

  Verlangen nach Süßem ist meistens bei Frauen das größte Problem und ist Ausdruck von Ungleichgewicht und Schwäche der Mitte. Sorgen Sie dafür, dass nichts Süßes zu Hause ist, kaufen Sie nichts – am Abend wird die Gier am größten – was aber nicht vorhanden ist, kann man nicht essen. Speziell am Abend ist Süßes eine einzige Katastrophe!
- *Getreide:* Weizen, Hefe- und Sauerteiggebäck (Ersatz: Chapati, Tortillas, Roggen- und Knäckebrot ohne Sauerteig und Hefe!) Weißmehl, Getreideflocken (ausser geröstete Haferflocken) in Form von ungekochtem Gemüse verboten.
- *Getränke:* Bohnenkaffee und Schwarztee sind große Säurelockerer und schwächen die Nieren.
- *Kein Alkohol!*
- *Gemüse:* Kastanien, Süßkartoffel, Kartoffelpüree sind abzulehnen – generell nicht viel Rohkost – ist thermisch kalt, daher schwer verdaulich und befeuchtet (Rohkost aus Karotten, Fenchel, Kürbis, Kraut und Chinakohl, Feldsalat wäre besser – hat eine andere thermische Qualität).
- *Obst:* kein unreifes Obst und mehr in Form von Kompott, gesüßt – indem man Trockenobst mitkocht.
- *Nüsse und Samen:* Pinienkerne, Cashewnüsse, Erdnüsse – besonders gesalzen, Nutella und Sesampaste sind sehr fetthaltig und daher Dickmacher.
- *Fleisch:* Kein Schweinefleisch, Schinken, Geselchtes, Wurst, Leberkäse, fettes Fleisch und fetten Fisch.
- *Milch:* keine Kuhmilch und deren Produkte, bes. Dickmilch, Obers, Rahm und alle fetten Käse.

- *Salz:* Sparsam damit umgehen, Ursalz verwenden und die Speisen erst salzen wenn sie fertig sind, dann benötigt man nur die Hälfte und schmeckt trotzdem intensiv.

- *Fette:* Alle Arten von Margarine, Kokosfett, Palmfett, tierische Fette und billige Pflanzenöle – schaden der Gesundheit, daher zum Kochen hochwertiges, kalt gepresstes Rapsöl, Sojaöl und Olivenöl verwenden, das Beste ist gerade gut genug.

  Zum Rohverzehr Leinöl (wenn der Stuhl trocken ist, tgl. 1 EL), Dotteröl und Hanföl – wegen der wertvollen Omega 3-Fettsäuren, denn diese sind unabdingbar für den Stoffwechsel.

- Neben dem Verzehr von Produkten aus biologischer Landwirtschaft ist es auch sehr wichtig, wie man seine Gerichte zubereitet. Beste Zutaten falsch zubereitet, führen zu Feuchtigkeit, Verschleimung und in weiterer Folge zu Gewichtszunahme.

- Die Kombination Kohlehydrate – Fett und Zucker, wie Kaiserschmarrn, süße Palatschinken, süße Aufläufe, Obstknödel, Topfenstrudel etc. Paniertes und Frittiertes (bes. Fleisch), das Eindicken von Soßen und Gemüsegerichten mit Mehl und „Einbrenn", Soßenfleisch in Kombi mit Knödeln, Nudeln und Nockerln ist schwer verdaulich und führt zu Blockaden! Eine Alternative ist Fleisch natur gebraten oder in Eintöpfen – dazu Reis oder gebackene Kartoffeln. Man fühlt sich wohler, da diese Art der Zubereitung leichter verdaulich ist und nicht befeuchtet und verschleimt.

- Die typisch österreichische Gewohnheit der „Kalten Jause" = Kombination Brot oder Weckerl mit Butter, Käse, Wurst, Butter, Honig und Marmelade sowie das sogenannte „Verbessern" mit Rahm oder Obers. Das Gericht wird dadurch träge und schwer verdaulich, was wiederum zu Blockaden – Verschleimung und in weiterer Folge zu Übergewicht führt.

- Keine *Zwischenmahlzeiten*, es sollten 5 Stunden vergehen bis zum nächsten Essen. Man sollte erst wieder essen, wenn echtes Hungergefühl verspürt wird, dann nämlich ist der Magen wieder leer und aufnahmefähig, ansonsten mischt sich Unverdautes mit Halbverdautem, man befeuchtet – verschleimt. Vorsicht! Heisshunger ist nicht mit echtem Hunger zu verwechseln. Für das Frühstück empfehle ich alle Rezepte aus dem Skript „Frühstück – Turbostart in den Tag", kräftiges Frühstück ist sehr wichtig, auch für den Kohlehydratebedarf.

- Ab 18.00 Uhr absolut nichts mehr essen. Abends keine konzentrierten Kohlehydrate, wenn *überhaupt*, dann Reis oder gebackene Kartoffeln. Es genügt eine Kleinigkeit, wie z.B. gehaltvolle Suppen (aber keine „dicken" und pürierte), eine kleine Portion Fleisch oder Tofu mit geschmortem Gemüse, Ziegen- oder Schaftopfen mit vielen Kräutern und Gewürzen – dazu gebackene Kartoffelscheiben oder etwas Reis mit gebratenem Gemüse. Ganz speziell Gemüsegerichte mit vielen Gewürzen und Kräutern zubereiten, diese sind verdauungsfördernd und kurbeln den Stoffwechsel an.

- Eine Hilfe ist, *nur eine* nicht zu große Portion auf den Teller zu geben, bestens gleich in der Küche und die volle Schüssel nicht auf den Esszimmertisch stellen, dann ist die Verlockung für einen Nachschlag nicht so groß. Man muss sich „Eselsbrücken" bauen, um den inneren Schweinehund nicht zu sehr in Versuchung zu führen.
- Langsames Essen, dafür mit Genuss, bewirkt, dass das Sättigungsgefühl schneller erfolgt. Absolut nichts Süßes essen, keinen Alkohol trinken und abends keine Kohlehydrate essen, und man nimmt in 3 Monaten 5 kg ab – und das ist genug, schnelles Abnehmen ist nicht gesund und hält nicht auf Dauer.
- Wenn Vorstehendes eingehalten und auch durchgehalten wird und der Erfolg stellt sich trotzdem nicht ein, dann fehlt die notwendige Bewegung!
- Ohne Bewegung geht gar nichts! – Täglich mindestens 1 Stunde dafür aufwenden
- Nicht alle Strecken mit dem Auto fahren, man kann vieles zu Fuß bewältigen. Treppen steigen – nicht mit dem Lift fahren!
- Auf das Alter abgestimmt ist Ausdauersport unverzichtbar, entweder schwimmen, laufen, schnell gehen – heute sagt man walken, Rad fahren, tanzen, mit den Kindern Ball- und Nachlaufen spielen.
- *Ein Tipp:* sportliche Bewegung immer zur selben Zeit machen, dann wird es zur selbstverständlichen Gewohnheit – wie Zähneputzen.
- Pflegen Sie sich, machen Sie sich hübsch, tragen Sie nicht enge Kleidung – wirkt sehr unvorteilhaft und wohl fühlt man sich auch nicht, hadern Sie nicht mit sich wegen Ihres Gewichtes, stellen Sie sich nicht alle Tage auf die Waage! All das schwört schlechte Emotionen herauf, belastet und blockiert.
- Übertreiben Sie nicht, dünn ist auch nicht gerade weiblich oder männlich, jeder ist auch nicht der Typus für ganz schlank – stehen Sie zu Ihrem Typus – gehen Sie liebevoll mit sich um und alles geht viel leichter. Haben Sie mal einen Einbruch in der Konsequenz, nehmen Sie's mit Humor – es ist all zu menschlich und kehren Sie wieder konsequent dem Schweinehund den Rücken, aber eines sollten Sie bedenken:

Der einfache Weg ist nur anfangs asphaltiert.
Sie schaffen es – wäre doch gelacht!

Grünkernkur

Grünkern im Verhältnis 1:2 mit Wasser ¾ Stunde weich kochen, wenn notwendig noch mehr Wasser zugeben, die Körner müssen platzen und ganz weich sein. Wichtig ist, den Grünkern anschließend noch längere Zeit bei ausgeschalteter Platte quellen zu lassen. Kein Problem, wenn man das Getreide am Abend kocht, dann hat man kein Zeitproblem.

Sie können für mindestens 3 Tage im voraus kochen, stellen Sie das Getreide in den Kühlschrank und zu jeder Mahlzeit nehmen Sie die gewünschte Menge heraus. Dazu darf folgendes gegessen werden:

Karotten, Rote Rüben, Pastinaken, Topinambur, Petersilienwurzel, Äpfel und Champignons. Alles gekocht oder geschmort – ohne jeglichen Zusatz! Kein Salz, kein Fett, keine Gewürze

☞ Tipp: am besten schmeckt die Mischung Karotten – Rote Rüben und Äpfel in feine Scheiben geschnitten – in einer Pfanne mit etwas Wasser schmoren – den Grünkern untermischen und alles zusammen wärmen.

Zum Frühstück auch einfach mit Apfelmus gegessen (natürlich ohne Zucker) schmeckt ganz gut. Dazu trinken Sie ausreichend Brennnesseltee, Birkenblättertee (zeigt der Feuchtigkeit einen Weg), Leitungswasser, Gemüseabsud von obigem Gemüse.

- Dauer der Kur: 7 Tage unbedingt, optimal wären 12 Tage.
- Vor der Kur 3 Tage *kein tierisches Eiweiß* konsumieren, ebenso 3 Tage nachher.
- Man kann essen, so viel man will (es wird von selbst immer weniger werden – aber halten Sie durch, es lohnt sich)
- Die Kur keinesfalls machen, wenn es weniger als 15°C Außentemperatur hat!
- Große Fleischesser oder Menschen mit feuchter Hitze können diese Kur auch mit Reis machen.

Hühnereintopf mit Kartoffeln

Zutaten:	4	Hühnerkeulen
	½ l	Wasser
	1 EL	salzige Gemüsepaste
	¼ l	trockener Weißwein
	800 g	mehlige Kartoffeln in ca. 2 cm große Würfel schneiden
	1	Zwiebel fein hacken
	2	Lorbeerblätter
	6 EL	Olivenöl
	8	Sardellenfilets fein hacken
	3 EL	Kapern fein hacken
	1 Bd	Petersilie fein hacken
	1 EL	Zitronensaft
		Salz und Pfeffer

F	*¼ l Wasser zum Kochen bringen*
H	*Weißwein und Zitronensaft dazugeben und die Hühnerkeulen einlegen*
F	*¼ l kochendes Wasser zugießen*
E	*3 EL Olivenöl dazugeben und 15 Minuten köcheln lassen*
E	*Kartoffeln und restliches Öl dazugeben*
M	*Lorbeerblätter, Zwiebeln und Pfeffer unterrühren und köcheln, bis die Kartoffeln und Hühnerkeulen weich sind.*
M	*Petersilie unterheben*
W	*Gemüsepaste, Salz und Sardellen unterrühren*
H	*Kapern dazugeben, nochmals aufwallen lassen und auf ausgeschalteter Platte mind. ¼ Std. ziehen lassen.*

Fenchel und Paprika gefüllt

Zutaten:	6	mittelgroße Spitzpaprika (rot, gelb und grün) auf einer Seite vom Stielansatz bis zur Spitze mit einem scharfen Messer einschneiden, Kerne herausholen
	4	mittelgroße, äußere Fenchelblätter
	200 g	Hühnerbrust mit der groben Scheibe faschieren
	100 g	Zucchini in kleine Würfel schneiden
	150 g	Fenchelgemüse in kleine Würfel schneiden
	100 g	rote Paprika in kleine Würfel schneiden
	80 g	Schalotten fein hacken
	1	Zehe Knoblauch fein reiben
	6 EL	Olivenöl
		Salz, Pfeffer, frisch gemahlen
	½ TL	Koriander, gemahlen
	4	Nelken
	220 g	gekochter Reis
	40 g	Brösel
	2	Eier
	2	frische, junge Knoblauchknollen mit Grün oder einzelne Zehen
	1	großer Thymianzweig
	2	Lorbeerblätter
	¼ l	Tomatensaft oder etwas mehr

F	*heiße Pfanne*
E	*3 EL Öl erhitzen*
M/E	*Schalotten und Knoblauchzehe anschwitzen*
E	*Zucchini, Fenchel und Paprika anschwitzen*
M	*mit Pfeffer, Koriander und Nelke würzen, vom Herd nehmen und etwas abkühlen lassen und Reis unterheben*
E	*Eier unterrühren*
M	*pfeffern*
W	*salzen*
H	*Weißbrotbrösel untermischen und zu einer homogenen Masse vermischen.*

Die Paprikaschoten und die Fenchelblätter damit füllen und nebeneinander in eine gefettete Auflaufform setzen. Mit Öl beträufeln, die Knoblauchzehen mit dem Grün und die Kräuter in die Zwischenräume stecken und 15 Minuten im vorgeheizten Rohr, 200°C, backen.

Mit Tomatensaft übergießen und weitere 30 Minuten fertig garen – bis das Gemüse weich ist. Gelegentlich die Gemüseteile wenden und mit Saft begießen.

Dazu passt entweder Reis oder gebackene Kartoffeln – auch getoastetes Weißbrot. Wer schneller abnehmen will, isst nichts dazu – oder wenig Reis.

Lammeintopf mit Gerste und Gemüse

Zutaten:	150 g	Gerste über Nacht einweichen
	150 g	Zwiebeln fein hacken
	300 g	Lammfleisch in Würfel schneiden
	4 EL	Pflanzenöl
	3 EL	salzige Gemüsepaste
	1	Knoblauchzehe, fein gerieben
	1	Lorbeerblatt
	1	Zweig Thymian
	1	Nelke
	3 Stg	Petersilie
	100 g	Karotten in kleine Würferl schneiden
	150 g	Kartoffeln in kleine Würferl schneiden
	2 Stg	Sellerie in kleine Würferl schneiden
	150 g	Lauch in feine Ringe schneiden
	4	Eigelb
	200 g	Schafjoghurt
		Pfeffer, Salz, Essig, Muskatnuss gerieben
	1 Bd	Petersilie, fein gehackt

F	*heißer Topf*
E	*3 EL Öl erhitzen*
F	*Lammfleisch einlegen und anschmoren*
E	*restliches Öl dazugeben*
M	*Zwiebel und Knoblauch dazugeben und glasig schmoren*
M	*Lorbeerblatt, Petersilienstängel und Nelke einlegen*
W	*mit 3/4 l warmem Wasser vermischt mit der Gemüsepaste aufgießen*
H	*ein kleiner Spritzer Essig dazu*
F	*Thymian einlegen*
E	*abgetropfte Gerste dazugeben und ca. 40 Minuten köcheln*
E	*15 Minuten vor Ende der Garzeit Karotten, Kartoffeln und Sellerie dazu und fertig köcheln, Gewürzstängel und Nelke entfernen und vom Herd nehmen*
M	*pfeffern und Muskat und frische Petersilie unterrühren*
W	*wenn nötig, salzen*

Dann verquirlen Sie in einer Schüssel das Joghurt mit dem Eidotter und rühren vorsichtig 1 Schöpfer von der Eintopfflüssigkeit darunter und geben alles zusammen zurück in den Topf – nicht mehr kochen! Eventuell mit etwas Essig abschmecken.

Geschmortes Weißkraut mit Tomaten

Zutaten:	1 kg	Weißkraut in 2 cm breite Streifen schneiden
	150 g	Zwiebeln halbieren und in Streifen schneiden
		Knoblauchzehen in grobe Scheiben schneiden
	3 EL	Olivenöl
	2	Lorbeerblätter
	2	Oreganozweige (oder ½ TL getrockneter)
	1 Prise	Oregano und Thymian
	1 geh. TL	Zucker
		Salz, Pfeffer, frisch gemahlen
	150 ml	Gemüsebrühe salzig
	300 g	Tomaten entkernen und in grobe Stücke schneiden (oder Dose)
	½ l	Tomatensaft
	150 g	Schaf- oder Ziegenjoghurt
	½	Zitrone, die Schale abreiben und Saft auspressen
	½ Bd	Dill hacken
	½ EL	Essig

F	*tiefe, große Pfanne erhitzen*
E	*Olivenöl erhitzen*
M/E	*Zwiebeln anschwitzen*
F	*Oreganozweig dazugeben*
E	*mit Zucker würzen*
M	*Knoblauch dazu und anschwitzen*
E	*Kraut unterheben*
M	*Lorbeerblätter und Pfeffer unterrühren*
W	*mit Gemüsebrühe ablöschen und 20 Minuten schmoren*
H	*Tomaten und Spritzer Essig zugeben*
W	*salzen*
H	*Tomatensaft*
F	*½ TL Zitronenschale, Prise Thymian zugeben und 15 Minuten offen köcheln*

In einer Schüssel Joghurt glatt rühren und mit Zitronensaft, Salz, Dill und Pfeffer abschmecken. Kraut auf Tellern anrichten, dazu Reis, gebackene Kartoffeln oder Nudeln und Joghurtsoße reichen.

Lamm-Pilaw

Zutaten:	230 g	Langkornreis
	100 g	Zwiebeln, fein gehackt
	1	rote Paprikaschote in kleine Würfel schneiden
	2 EL	Öl
	2 EL	Rosinen
	2 EL	Sonnenblumenkerne
	1 TL	Zimt
	½ TL	Piment gemahlen
	1 TL	KreuzKümmel zerstoßen
	1 TL	Paprika
	1 Prise	Cayennepfeffer
	600 ml	Gemüsebrühe
	500 g	Lamm faschiert
	1 TL	Tomatenmark
		Salz, Pfeffer, frisch gemahlen

F	*heißer Topf*
E	*Öl erhitzen*
E	*Paprikagemüse anschwitzen*
M/E	*Zwiebel dazu und anschwitzen*
E	*Rosinen und Sonnenblumenkerne unterrühren*
M	*Reis, Zimt, Piment, Kreuzkümmel und Cayennepfeffer unterrühren*
W	*Gemüsebrühe angießen, ev. noch etwas salzen*
H	*Tomatenmark unterrühren*
F	*Paprikapulver dazugeben und so lange köcheln, bis alle Flüssigkeit aufgesaugt ist.*

Den Herd ausschalten, Deckel vom Topf nehmen, ein Geschirrtuch über den Topf breiten, mit dem Deckel fest verschließen und ca. 20 Minuten ausdämpfen lassen.

Lammfleisch in einer Pfanne mit Öl anbraten, bis alle Flüssigkeit verdampft ist, mit Pfeffer und Salz würzen.

Auf einem großen Teller eine Schicht Reis – eine Schicht Fleisch, eine Schicht Reis und abschließend eine Schicht Fleisch anhäufen. Mit Petersilie bestreuen und sofort essen. Wenn nicht gleich gegessen wird, den Pilaw mit Alufolie bedecken und im Rohr warm halten.

Kartoffelpuffer

Zutaten:	4 Stk	Frühlingszwiebeln mit Grün in feine Ringe schneiden
	800 g	große Kartoffeln reiben (erst ganz zum Schluss, damit sie sich nicht verfärben)
	2 EL	Mehl oder Speisestärke
		Pfeffer, frisch gemahlen
	2 Eier	
	1 TL	Knoblauch, fein gerieben
	1 TL	getrockneter Majoran
	1 Bd	Petersilie, fein gehackt
	½	grüne Paprikaschote in feinste Streifen schneiden
	½ Stg	Lauch in feine Ringe schneiden
	2 TL	Sesam
	1 Prise	Chili
	2 EL	Pinienkerne oder gehackte Walnüsse
		Öl, Salz

E *Kartoffel in große Schüssel geben*
E *Speisestärke oder Mehl, Paprikagemüse, Sesam, Pinienkerne und Eier unterheben*
M *Frühlingszwiebeln, Lauch, Knoblauch, Pfeffer, Majoran, Petersilie und Chili unterrühren*
W *salzen*

In einer Pfanne mit Öl Puffer backen, bis sie gebräunt sind. Krautsalat schmeckt prima dazu.

Puffer aus Haferschrot und Spinat

Zutaten:	150 ml	Ziegen- oder Sojamilch
	200 g	grobes Hafervollkornschrot
	150 g	Zwiebeln fein hacken
	300 g	Spinat waschen und grob hacken
	2 EL	Olivenöl
	2	Eier trennen
	50 g	Topfen
	½ TL	Koriander, gemahlen
	½ TL	Fenchel, gemahlen
	1 TL	Liebstöckl
		Salz

Die Milch in einem Topf erwärmen – nicht heiß! – den Haferschrot einstreuen und ausquellen lassen.

F	*heiße Pfanne*
E	*Öl erhitzen*
M/E	*Zwiebel anschmoren*
E	*Spinat dazugeben du zusammenfallen lassen, vom Herd nehmen und*
M	*Koriander, Fenchel und den Haferschrot unterrühren*
W	*salzen*
H	*Topfen unterrühren*
F	*Liebstöckl unterrühren*
E	*Dotter und vorsichtig steif geschlagenes Eiweiß unterheben*

In Öl kleine Puffer braten.

☞ *Feldsalat mit Kartoffeln schmeckt herrlich dazu.*

Geräucherte Forelle mit Kürbis

Zutaten:		
	500 g	oranger Kürbis mittelgroß gewürfelt
	½ Bd	Petersilie, fein gehackt
	1 EL	gehackter Dill
	1	große Schalotte, fein gehackt
	100 g	Schafjoghurt
	3 TL	Kren gerieben
	1 TL	Zitronensaft
	1 EL	Honig
		Pfeffer, Salz und Weinessig
	4 EL	Forellenfilets, geräuchert

50 ml Essig mit 50 ml Wasser und ½ TL Salz zum Kochen bringen und darin den Kürbis 5 Minuten zugedeckt kochen, dann noch ca. 5 Minuten offen kochen – bis alles Wasser verdampft und der Kürbis gar ist.

E *die Hälfte des Kürbis in eine Schüssel geben*
M *Pfeffer und Kren unterrühren*
W *salzen*
H *Schafjoghurt und Zitronensaft unterrühren*
E *die restlichen Kürbiswürfel mit dem Honig in eine Schüssel geben*
M *Zwiebel, Petersilie, Dill und Pfeffer unterrühren*
W *salzen*
H *2 EL Essig unterrühren*

Beide Kürbissalate durchziehen lassen und mit den Räucherfilets anrichten.

☞ *Ein tolles Abendessen oder eine herrliche Vorspeise zu einem Festmahl. Entweder essen Sie gebackene Kartoffeln dazu oder getoastetes Weißbrot.*

Kürbis-Topinambursalat

Zutaten:	600 g	Topinambur, abbürsten und waschen, nicht schälen! Unansehnliche Stellen natürlich entfernen
	600 g	gelber Kürbis, ebenfalls raspeln
	60 g	Kürbis- oder Pinienkerne in einer Pfanne ohne Fett rösten
	60 g	Rosinen
	200 g	Schafjoghurt
	2 TL	Currypulver
	2 EL	Honig
	1	Saft auspressen
		Salz und Pfeffer, frisch gemahlen

E *große Schüssel und darin Kürbis und Topinambur vermischen*
E *Honig, Rosinen und Kürbiskerne untermischen*
M *Curry untermischen und kräftig pfeffern*
W *salzen*
H *Joghurt und Zitronensaft untermischen.*

Kann als Beilage verwendet werden, auch als Hauptspeise zu gekochtem Reis oder zu gebackenen Kartoffeln.

Forellenfilet auf Kürbis mit Pesto

Zutaten:	4	Forellenfilets
	800 g	gelben Kürbis in ca. 1 cm dicke Spalten (Halbmonde) schneiden
	40 g	Kürbiskerne
	40 g	Parmesan
	2 Bd	Dill grob hacken
	2 Bd	Schnittlauch grob schneiden
	160 ml	Olivenöl oder gemischt mit Lein, Hanf- oder Dotteröl
		Salz, Pfeffer, frisch gemahlen
	4 TL	Zitronensaft
	4EL	Honig
		Öl zum Backen
		Kräutersalz

E	*160 ml Ölgemisch, Kürbiskerne und 1 EL Honig in einen Becher geben kurz verrühren*
M	*Dill und Schnittlauch dazugeben und mit dem Stabmixer pürieren*
M	*Pfeffer unterrühren*
W	*salzen*
H	*mit Zitronensaft abschmecken*
F	*Parmesan unterrühren*
F	*heiße Pfanne*
E	*Olivenöl erhitzen und die Kürbisscheiben darin von beiden Seiten braten*
M	*pfeffern*
W	*salzen und auf Küchenkrepp abtropfen lassen.*

Anschließend 3 EL Honig in der Pfanne zum Kochen bringen und die Kürbisscheiben darin karamellisieren. Forellenfilets mit Kräutersalz bestreuen, in Mehl wenden und in einer Pfanne in Öl bei nicht zu hoher Temperatur von beiden Seiten kurz braten.

Die Kürbisspalten auf Tellern fächerartig anrichten, Fischfilet darauf legen und mit Pesto beträufeln.

Kürbis-Fischpfanne

Zutaten:		
	500 g	orangen Kürbis in Stifte schneiden
	200 g	Lauch in Ringe schneiden
	300 g	Möhren in feine Scheiben schneiden
	10 Stk	getrocknete Tomaten in Öl fein würfeln
	2 Bd	Kerbel, gehackt (oder 1 TL getrockneter)
	2 Bd	Petersilie, fein gehackt
	4	Forellenfilets
	3 EL	frisch gepresster Zitronensaft
		Salz, Pfeffer, frisch gemahlen
	100 g	schwarze Oliven ohne Stein

Forellenfilets mit Zitronensaft beträufeln, salzen, pfeffern und in den vermischten Kräutern wenden.

F	*heiße Pfanne*
E	*Olivenöl erhitzen*
M/E	*Lauch anschmoren*
E	*Karotten und Kürbis 5–10 Minuten schmoren*
M	*pfeffern*
W	*salzen, den Fisch auf das Gemüse legen*
H	*Tomatenstücke darauf verteilen*
F	*Oliven darauf, 75 ml heißes Wasser angießen und zugedeckt 6–8 Minuten dämpfen.*

Reichen Sie Reis oder gebackene Kartoffeln dazu.

Marokkanisches Ofengemüse

Zutaten:

500 g	gelben Kürbis würfeln
2 Stk	Paprikaschoten (je eine rote und eine gelbe) in Würfel schneiden
400 g	Zucchini in ca. 1 cm dicke Scheiben schneiden
450 g	Auberginen in Würfel schneiden
2 TL	Harissa (gibt's in Asienläden) oder scharfen Paprika
2 EL	Tomatenmark
1 EL	Honig
2 EL	Zitronensaft
1 TL	Koriander, gemahlen
2TL	Paprika edelsüß
2 TL	Rosmarin
2 TL	Oregano
2 EL	Sesam
	Salz und Olivenöl

In einer Schüssel

H *Zitronensaft und Tomatenmark verrühren*
F *Oregano, Paprika und Rosmarin unterrühren*
E *80 ml Öl, Sesam und Honig unterrühren*
E *alle Gemüse untermischen*
M *Koriander und Harissa unterrühren*
W *und kräftig mit Salz abschmecken*

Das Gemüse auf ein Backblech geben und bei 180–200°C 25 Minuten backen, bis alles gar ist. Schmeckt köstlich! Dazu essen Sie Fisch, Leber oder Faschiertes, geräucherten Tofu, Kuskus oder Reis.

Linsen mit Reis und Matjes

Zutaten:	300 g	gelbe Linsen
	300 g	Langkornreis
	225 g	Broccoli in Röschen teilen
	6	Frühlingszwiebeln in feine Ringe schneiden
	150 g	Karotten in kleine Würfel schneiden
	1,5 TL	Garam Masala
	½ TL	Kurkuma
	1,5 l	Gemüsebrühe
	6	getrocknete und in Öl eingelegte Tomaten fein schneiden
	6	große Matjesfilets
		Öl, Salz

F	*heißer Topf*
E	*Öl erhitzen*
M/E	*Frühlingszwiebeln anschwitzen*
M	*Reis unterrühren*
W	*Linsen unterrühren und die Gemüsebrühe angießen*
H	*Tomaten unterrühren*
F	*Kurkuma unterrühren und 15 Minuten zugedeckt köcheln*
E	*Karotten und Broccoli unterrühren und fertiggaren, bis alle Flüssigkeit aufgesogen ist und das Gemüse und Reis gar sind.*
M	*Garam Masala unterrühren und mit*
W	*Salz abschmecken – wenn notwendig*

Auf Tellern anrichten und mit den Matjes belegen. Sie können auch jeden anderen Fisch verwenden, würzen Sie ihn mit Kräutersalz, wenden Sie ihn in Mehl und braten Sie ihn vorsichtig bei nicht zu hoher Temperatur.

Reisauflauf

Zutaten:	200 g	Basmatireis
	100 g	Porree in ½ cm breite Ringe schneiden
	100 g	Zwiebel fein hacken
	2	Knoblauchzehen, fein gerieben
	6	schwarze Oliven hacken
	30 g	getrocknete, in Olivenöl eingelegte Tomaten fein schneiden
	2 TL	Kapern klein (oder große gehackt)
	2	Eier
	1 TL	abgeriebene Bio-Zitronenschale
	1 TL	scharfer Senf
	100 ml	Schafjoghurt
	½ TL	Zimt
		Salz, Muskat, Öl

Reis in doppelter Menge Salzwasser mit 1 Lorbeerblatt garen und eventuell abtropfen lassen.

F	*heiße Pfanne*
E	*3 EL Öl erhitzen*
M/E	*Zwiebel und Porree anschwitzen*
M	*Knoblauch anschwitzen und pfeffern*
W	*salzen*
H	*Kapern und Tomaten untermischen*
F	*Oliven dazugeben und ca. 3 Minuten schmoren, vom Herd nehmen, in eine Schüssel geben und etwas abkühlen lassen*
E	*1 Ei unterrühren*
M	*Senf, Muskat, Pfeffer und Zimt unterrühren*
W	*salzen*
H	*Joghurt unterühren*
F	*Zitronenschale untermischen*
E	*zweites Ei unterheben*
M	*den gegarten Reis untermischen*

Alles zusammen in einer gefetteten Auflaufform bei 200°C ca. 40 Minuten backen. Sie können dazu für Vegetarier Salat, geschmortes Gemüse und gebratenen Tofu reichen, sonst Fleischlaibchen oder ein Steak.

Laucheintopf mit Linsen

Zutaten:	500 g	Lauch in feine Ringe schneiden
	400 g	Pastinaken in kleine Würfel schneiden,
	2	Petersilienwurzeln in kleine Würfel schneiden
	2	mittlere Kartoffeln in Würfel schneiden
	1 l	Gemüsebrühe
		Olivenöl
	150 g	rote Linsen
		Muskatnuss, Salz und Pfeffer
	1 Bd	Petersilie, fein gehackt

F	*heißer Topf*
E	*Olivenöl erhitzen*
M/E	*Lauch anschmoren*
E	*Pastinaken, Petersilienwurzeln und Kartoffeln dazu geben*
M	*pfeffern und Muskatnuss dazugeben*
W	*Gemüsebrühe angießen, Linsen einstreuen und zusammen weich kochen, dann ev. noch salzen, wenn notwendig*
M	*frische Petersilie unterrühren*

☞ *Wenn Sie den Eintopf kräftiger haben wollen, können Sie Huhn, Lamm- oder Kalbfleisch, in Würfeln geschnitten, mitkochen.*

Buchweizenrisotto mit Pilzen

Zutaten:	20 g	getrocknete Steinpilze in 200 ml warmem Wasser einweichen
	300 g	gemischte Waldpilze oder Champignon etc., wenn notwendig, in Stücke schneiden
	50 g	Zwiebeln fein hacken
	1	Knoblauchzehe fein reiben
	300 g	Buchweizen
	2 CL	Portwein
	1 TL	Thymian, gehackt
	600 ml	heiße Gemüsebrühe oder mehr
	50 g	Parmesan frisch gerieben
	½ Bd	Petersilie, gehackt,
		Spritzer Zitronensaft
		kleines Stück Butter
		Olivenöl

F	*heiße Pfanne*
E	*Olivenöl erhitzen*
M/E	*Zwiebeln anschmoren*
F	*Buchweizen unterrühren und anschmoren*
F	*mit Portwein ablöschen und Thymian dazu*
E	*Pilze, auch die abgegossenen Steinpilze (Einweichwasser aufheben) dazu*
M	*Knoblauch*
W	*1 großen Schöpfer von der Gemüsebrühe dazu und immer wieder nachgießen, auch das Pilzwasser, bis der Buchweizen weich ist*
H	*kleinen Spritzer Zitronensaft – nur, um das Element zu haben*
F	*Parmesan unterrühren*
E	*Butter unterrühren*
M	*Petersilie unterrühren*

☞ *Gute Alternative für Kältetypen und Menschen, die unter Verstopfung leiden und daher oft Schwierigkeiten mit Reis haben. Auch eine Alternative für den Winter, da Buchweizen wärmend ist. Aber nicht nur, da vorstehendes Gericht auch hervorragend schmeckt.*

Gebratenes Gemüse mit Eier- oder Glasnudeln

Zutaten:	300 g	Karfiol in Röschen teilen
	200 g	Broccoli in Röschen teilen
	100 g	Zuckerschoten oder Erbsen
	200 g	Mangold oder Spinat in Streifen schneiden
	100 g	Mais
	2	Knoblauchzehen fein reiben
	1 Prise	Chili
	20 g	frische Ingwerwurzel, fein gerieben
	100 g	Frühlingszwiebeln mit Grün in 2 cm lange Stücke schneiden
	1/8 l	Gemüsebrühe
	2 EL	vegetarische Austernsoße (aus dem Asienladen)
	3 EL	Sojasoße (aus dem Asienladen)
	1 TL	Szechuanpfeffer (aus dem Asienladen), im Mörser zerstoßen
	1 TL	Speisestärke
		Salz, Sesamöl
	½ Bd	Petersilie, fein gehackt
	200 g	breite Eiernudeln in Salzwasser kochen, abseihen und warm halten.

F *heiße, große Pfanne*
E *Öl erhitzen*
E *Karfiol, Mais, Broccoli, Erbsen oder Zuckerschoten schmoren, bis das Gemüse weich oder bissfest ist*
E *die Mangoldstreifen unterheben und 2 Minuten mitbraten, aus der Pfanne nehmen und warm halten.*

Für die Soße:

F *heißer Topf*
E *Öl erhitzen*
M/E *Frühlingszwiebeln anschmoren*
M *Ingwer, Knoblauch und Chili anschmoren*
E *obiges Gemüse untermischen*
M *Szechuanpfeffer unterrühren*
W *mit Sojasoße, Gemüsebrühe, in der die Speisestärke eingerührt wurde, aufgießen*
W *Austernsoße dazugeben, aufkochen und ev. salzen*
M *Petersilie unterrühren*

☞ *Man kann die gekochten Nudeln untermischen oder sie gesondert zum Gemüse reichen.*

Spaghetti mit Rotwein-Schalottensoße

Zutaten:	300 g	Spaghetti in Salzwasser kochen
	100 g	Schalotten fein hacken
	¼ l	kräftigen Rotwein
	100 g	Karotten reiben
	600 g	reife Fleischtomaten in kleine Würfel schneiden (oder Dose)
		Pfeffer, frisch gemahlen
	100 g	Peccorino, fein gerieben
	½ Bd	Petersilie, fein gehackt
		Olivenöl, Ursalz

F	*heißer Topf*
E	*Olivenöl erhitzen*
M/E	*Schalotten anschwitzen*
F	*Rotwein angießen und alles zusammen auf ca. 50 ml bei offenem Topf eindicken*
E	*Karotten zugeben*
M	*pfeffern*
W	*salzen*
H	*Tomaten unterheben und ca. 5 Minuten köcheln*

Spaghetti mit der Rotweinsosse anrichten, mit Peccorino und Petersilie bestreut servieren. Schmeckt erstaunlich gut!

Risotto mit Erbsen und Spargel

Zutaten:	300 g	grünen Spargel in ca. 3 cm große Stücke schneiden
	3/4 l	Gemüsebrühe, heiss
	200 g	Erbsen
	50 g	Zwiebeln, fein gehackt
	300 g	Risottoreis
	40 g	Butter
	150 ml	trockener Weißwein
		Salz, Pfeffer, frisch gemahlen
	½ Bd	Petersilie, fein gehackt
	50 g	Peccorino, frisch gerieben
		Olivenöl

F	*heiße, große Pfanne*
E	*Öl erhitzen*
M/E	*Zwiebel anschmoren*
E	*Spargelstücke anschmoren*
M	*Reis untermischen und anschmoren*
W	*1 Schöpfer Gemüsebrühe angießen, rühren, bis die Flüssigkeit aufgesogen ist, immer wieder nachgießen und rühren*
H	*Weißwein angießen, auch rühren und köcheln lassen, bis alles aufgesogen ist. Reis darf nicht zu weich werden, er muss noch leichten Biss haben.*
F	*Peccorino untermischen*
E	*Butter unterheben*
M	*Petersilie unterrühren, pfeffern*
W	*eventuell salzen und sofort servieren.*

Fladenbrot mit Pinienkernen

Zutaten:	500 g	zur Hälfte Dinkelvoll- und Dinkelweißmehl
	7 g	Trockenhefe
	2 TL	Fenchelsamen
	2 TL	Koriandersamen
	4 EL	Pinienkerne in einer Pfanne ohne Fett goldgelb rösten
	1 TL	Salz
	2 TL	Honig

Alle Zutaten, bis auf den Honig, in einer Schüssel vermischen, Honig in 300 ml lauwarmem Wasser auflösen, unter die Zutaten mischen und den Teig 5–6 Minuten kneten.

An einem warmen Ort gehen lassen, bis sich das Volumen verdoppelt hat und dann leicht durchkneten. In 8 gleich große Stüke teilen und flach zu ovalen Fladen ausrollen. Auf ein Backblech legen und im vorgeheizten Rohr bei 200°C 6–8 Minuten backen, bis sie goldgelb sind (Umluft 200°C).

Reis als Beilage

Zutaten:	200 g	Vollbasmati- oder Pilawreis gut waschen und ½ Std in Wasser einweichen
	100 g	Kichererbsen am Vortag einweichen und nächsten Tag weich kochen. Auch andere Bohnen, wie schwarze Sojabohnen, Azukibohnen kann man nehmen, oder auch Linsen, diese braucht man aber nicht einzuweichen.
		Salz,
		im Winter oder bei Kältetypen eine große Scheibe frischen Ingwer

M *in einem großen Topf den abgegossenen Reis anrösten*
W *doppelte Menge vom Reis – warmes Wasser angießen*
M *wenn gewollt, Ingwer dazugeben*
W *Kichererbsen oder andere Hülsenfrüchte dazugeben und zugedeckt garen, ev. noch etwas Wasser zugießen und salzen*

Sie können den Reis natürlich auch ohne Hülsenfrüchte zubereiten.

Eine andere Variante wäre mit Zwiebel:

E *Öl in einem Topf erhitzen*
M/E *1 fein gehackte Zwiebel anschwitzen*
M *Reis zugeben und durchschmoren, im Winter noch Ingwer dazugeben*
W *mit doppelter Menge Wasser aufgießen, garen und salzen. Die gekochten Kichererbsen untermischen und noch durchziehen lassen.*

☞ *Niemals mit kaltem Wasser aufgießen, sondern lauwarm bis warm (nicht heiß, das wäre Feuerelement), sonst schocken Sie das Gericht!*

5-Elemente Kinderküche sowie Süßes und gesunde Nascherei

Ersteres eine Herausforderung, Süßes – Harmonisierung und Entspannung pur

„Es gibt einen Platz im Magen,
der kann nur mit Süßigkeiten gefüllt werden"

Syrisches Sprichwort

Richtige Ernährung in der Kindheit bis zur Pubertät ist deswegen so wichtig, weil es um den Aufbau und das Wachstum des Körpers geht, man spricht von der nachgeburtlichen Substanz. Die vorgeburtliche Substanz entsteht zum Zeitpunkt der Zeugung eines Kindes und wird von den Eltern vererbt.

Der „Dreifacherwärmer" – das ist das Zusammenwirken der oberen, mittleren und unteren Körperbereiche, ist bei Kindern bis zum 3. Lebensjahr noch nicht so ausgereift, daher auch noch sehr empfindlich. Darum ist es bei Kleinkindern besonders wichtig, wärmende Speisen und Getränke zu verabreichen, nur so stärken Sie die Substanz und das Immunsystem.

Generell heißt es, Kindern gehört immer die Mitte gewärmt. Verabreichen Sie nie zu viel Rohkost und vor allem Südfrüchte, kalte Getränke und Eisgekühltes, dies alles löscht das Magenfeuer. Lodert das Magenfeuer nicht richtig, kommt es zu Qi – Verlust durch schlechte Verbrennung der Nahrung und in weiterer Folge zu Ungleichgewicht und Krankheit.

Gutes Magenfeuer bedeutet, gute Energie aus den Nahrungsmitteln zu beziehen. Unterstützung für das Magenfeuer sind z.B. 3 warme Mahlzeiten am Tag, regelmäßige Mahlzeiten, während des Essen nicht und nach dem Essen Wärmendes trinken, denaturierte und Tiefkühlkost weitgehendst meiden.

Für ein Baby bis zum 5. Monat ist die Muttermilch das non plus ultra! Ab dem 5. Monat kann man mit Beikost beginnen – aber lassen Sie immer das Kind vor der Beikost Muttermilch trinken! Nicht umgekehrt und zwingen Sie niemals ein Kind zu essen – ganz egal, wie alt es ist. Anfangs nur gekochte und warme Nahrungsmittel anbieten – ungesalzen und ungezuckert. Monotonie ist angesagt, niemals mehrere neue Dinge auf einmal, warten Sie immer wieder 1 Woche, um wieder Neues anzubieten. Im ersten Lebensjahr braucht ihr Kind nicht so viel Abwechslung.

Bestens als Beikost sind geeignet: Kartoffeln, Kürbis, roter Reis, Hirseflocken, Maisgrieß, Karotten, Süßkartoffel, süßer Apfel, Pfirsich – weich gekocht und zerdrückt oder püriert. Ab dem 9. Monat kann auch Fleisch verabreicht werden, aber nicht mehr als 30 g je Mahlzeit mit Gemüse und Kartoffelbrei vermischt. Am besten geeignet wäre Kalbfleisch und Huhn.

Für das erste Lebensjahr absolut ungeeignet wären Karfiol, Blattsalate, Aubergine, Zucchini, Rettich, Spargel, Sellerie und Zwiebel, Fruchtsäfte, Brot, Zucker und Honig.

Ab einem Jahr wird das Kind immer mehr versuchen, das Gleiche wie ihre Eltern zu essen. Sie können gemeinsame Mahlzeiten kochen, fügen Sie jedoch Gewürze, Kräuter und Soßen erst zu, wenn Sie die Portion für Ihr Kind entnommen haben.

Bis jetzt war die Ernährung Ihres Kindes ja noch kein Problem, aber je älter das Kind wird, umso mehr hat es eigenen Willen und Bedürfnisse. Kinder wissen im allgemeinen genau, was ihnen gut tut und auch, wieviel sie essen müssen. Es ist noch kein Kind bei vollem Teller verhungert, darum zwingen Sie es nie, aufzuessen, geben Sie lieber kleinere Portionen auf den Teller.

Ganz wichtig ist, machen Sie keine Staatsaffäre aus dem Essen, einzig und allein am besten ist die Vorbildwirkung. Eltern müssen gesunde Ernährung vorleben, daher sind auch gemeinsame Mahlzeiten sehr wichtig. Kochen Sie für Kinder, wenn sie schon älter sind, nicht extra – sie fühlen sich sonst nicht dazugehörig oder verlangen es immer, und erwähnen Sie niemals, dass das Essen, das Sie gekocht haben, soooo gesund wäre! Ist schon verkehrt, damit erwecken Sie nur den Reiz für Ungesundes und Verbotenes.

Gehen Sie zusammen mit Ihren Kindern einkaufen, lassen Sie auch Kindern Zutaten aussuchen, kochen Sie zusammen. Gehen Sie auch natürlich auf ihre Lieblingsgerichte ein, aber nicht immer. Seien Sie konsequent, aber liebevoll, pflegen Sie gute Tischmanieren, laden Sie auch mal andere Kinder zum Essen ein, damit Ihr Kind brillieren kann. Es darf bei Tisch geplaudert und gelacht werden, natürlich nicht mit vollem Mund.

Wenden Sie kleine Tricks an, dann macht den Kindern das Essen mehr Spaß, z.B.: Kochen Sie in Form von Fingerfood, teilen Sie Obst in kleine Stücke oder verzieren Sie Gerichte lustig. Bieten Sie mal rotes Kartoffelpürree an (färben Sie es mit ein paar Tropfen Saft von roten Rüben) oder gelben Grießbrei (kochen Sie ganz wenig Safran mit oder rühren Sie 1 Eidotter unter).

Gehen Ihre Kinder schon zur Schule oder in den Kindergarten, frühstücken Sie mit Ihnen – ohne „Gehirnnahrung" kann man nichts leisten. Lassen Sie Kinder nie alleine am Tisch sitzen und essen, das ist frustrierend.

5 Elemente-Babybrei ab dem 5. Monat

Zutaten:

	3 EL	Dinkel
	1 EL	Buchweizen
	3 EL	Gerste
	1 EL	Sesam
	3 EL	Rundreis

In einer Pfanne ohne Fett ganz vorsichtig bei niedriger Temperatur goldgelb rösten, auskühlen lassen und feinst mahlen.

1 EL Kichererbsenmehl untermischen.

Man kann diese Mischung auf Vorrat zubereiten und in einem Glas mit Schraubverschluss 2 Wochen aufheben. Ist auch sehr gut mitzunehmen, wenn Sie auf Urlaub sind, man wird Ihnen den Brei sicher bei Freunden oder in der Hotelküche zubereiten – so haben Sie immer „Zubrot" für Ihr Baby mit.

Für 1 Fläschchen:

300 ml	kaltes Wasser in einen Topf geben und
4 TL	von obigem Mehl mit einem Schneebesen einrühren, 20 Minuten köcheln und
½ TL	kalt gepresstes Walnussöl unterschlagen.

☞ *Generell, wenn Sie Getreidebrei- oder Getreidemilch ohne Ziegen- oder Kuhmilch zubereiten, je ¼ l Flüssigkeit ½ TL Öl zugeben. Man kann die Getreidemilch ev. mit Gerstenmalz süßen*

So lange Ihr Kind Fläschchen trinken will, können Sie diese Milch anbieten; wenn das Kind größer wird, können Sie auch mit etwas Honig oder Ahornsirup süßen. Als Basis für Pudding kann diese Milch auch verwendet werden.

Baby-Ernährungsplan ab dem 6. Monat

Frühstück:

- Hirsebrei mit Rosinen und geschmortem Apfel, bestreut mit geröstetem, gemahlenem Sesam oder gerösteten und dann zerstoßenen Mandelblättchen.
- Hirse, Süßreis und Karottenbrei dazu, wie oben.
- Haferflockenbrei aus feinen Haferflocken, Rosinen und/oder Karotten mitkochen, auch bestreut mit Sesam oder Mandeln.
- Verschiedenes Getreide (Gerste, Süßreis, roter Reis, Hirse oder Hafer) mit 3–4 facher Menge Wasser kochen, bis das Getreide ganz weich ist – durch die Flotte Lotte passieren – es können auch gleich Karotten und Süßkartoffeln mitgekocht werden. Auch geschmorter Apfel oder Pfirsich passt dazu. Mit geröstetem Sesam bestreut – ist das Kind schon 1 Jahr, mit etwas Honig oder Ahornsirup gesüßen
- Pfannkuchen aus Süßkartoffeln mit Ahornsirup oder Honig (Rezept siehe Abschnitt Frühstück).
- Karotten-Mais-Eintopf (Rezept im Abschnitt Frühstück)
- Ab 1 ½ bis 2 Jahren kann das Kind zum Frühstück auch Brot bekommen, aber bitte nur biologisches, nicht zu frisches, und grobes Vollkornbrot, bestens getoastet. Gut geeignet ist Toastbrot „Halbe-Halbe" (Rezept siehe Abschnitt „Fertiggerichte für den Arbeitsplatz") entweder nur mit etwas Butter, mit vegetarischen Aufstrichen oder 1 Ei im Glas dazu.
- Als Getränk Fläschchen mit Fencheltee oder etwas Kümmel, Gemüsetee mit Fenchel oder Kümmel, später echter Kakao aus halb Wasser – halb Ziegenmilch.

  Ist das Kind noch klein – keine OBSTSÄFTE! Später können Obstsäfte (natürlich biologisch, ohne Zucker) mit viel Wasser verdünnt verabreicht werden, jedoch erst 2 Stunden nach dem Frühstück).

Mittagessen:

- Gekochtes Getreide (Hirse, Süßreis, Gerste, Polenta) oder
- Nudeln aus Kamut oder Dinkel, zur Hälfte aus Vollmehl, zur anderen Hälfte aus biologischem Dinkelweißmehl.
- Spinatnockerln – der Teig dafür soll sehr weich sein.
- Nudeln aus 60% Hirsemehl und 40% biologischem Dinkelweißmehl. Geben Sie auch mal etwas Tomatensaft statt Wasser zum Nudelteig – Kinder lieben es bunt!

- Nudeln niemals al dente kochen, sondern schön weich – sind schwerer verdaulich.
- Kartoffelpüree, manchmal auch aus Süßkartoffeln oder Kartoffel mit Karotten gemischt als Püree.

  Dazu servieren Sie Gemüse, klein geraffelt und im eigenen Saft geschmort, oder in winzige Würfel geschnitten, gewürzt mit etwas Fenchel, Kümmel oder Koriander, Petersilie.
- Steht das Kind schon auf den eigenen Beinen – können Sie mit winziger Prise Salz beginnen. Oder Sie schmoren Gemüse in etwas Wasser und Ziegenmilch und geben es zu Getreide oder Püree.
- Karotten-Kürbis-Maiseintopf mit Nudeln.
- Pfannkuchen, schon in den Teig vorher geschmortes Gemüse mischen und dann erst backen, bestens in einer Pfanne, in der man ohne Fett backen kann.
- Ab 9 Monaten können Sie schon beginnen, Fleisch einzubringen. Bestens faschiert, in Soßen, in Teigtäschchen.
- Teigtäschchen mit fein geraspeltem Gemüse und faschiertem Kalb- oder Hühnerfleisch, etwas Kartoffel-Karottenpüree dazu.
- Kartoffelpüree mit Karottensoße, in die Mitte des Pürees platzieren Sie ein vorsichtig weich geschmortes Spiegelei.

Abendessen

- Grießbrei beruhigt sehr und ist gut für den Schlaf.
- Topfennockerln (als Mittagessen mit geschmortem Apfel und geröstetem Sesam oder zerstampften, gerösteten Mandelblättchen).
- Kartoffeln, zerdrückt oder als Püree mit Karotten.
- Karotten-Mais-Eintopf.
- Süßkartoffelpfannkuchen (siehe Abschnitt Frühstück).
- Auch leichter, etwas weicherer Getreidebrei oder Milchgerichte vom Mittagessen, ausser Karotten kein anderes Gemüse, damit ihr Kind keine Blähungen bekommt – denn Gemüse ist für abends zu schwer verdaulich.

Zwischenmahlzeiten:

- Puddings aus Ziegen-, Kokos-, Mandel- oder Getreidemilch (Anleitung siehe Abschnitt Frühstück „Hafermilch).
- Milchreis, Vanillepudding.

- Apfel- oder Pfirsichkompott, Bratapfel mit Rosinen oder etwas Rohmarzipan gefüllt.
- Frischobst: geriebener, süßer Apfel, Pfirsich oder Feigen.

- Wird das Kind älter, versuchen Sie den Übergang zur Erwachsenennahrung zu finden, wählen Sie geeignete Rezepte aus allen Kapiteln dieses Buches aus – jedoch Vorsicht mit scharfen Gewürzen etc.
- Gewöhnen Sie Ihrem Kind niemals Ketchup, süßen Senf, Benco, Cola, Würstel, Wurst, Leberkäse, Multivitaminsäfte, Mac Donalds, Chinarestaurant, Fertiggerichte und industrielle Naschereien an. Was das Kind nicht kennt – vermisst es nicht.
- Gewöhnen Sie Ihrem Kind fixe Zeiten zum Essen an und versuchen Sie, schon ihm schon im zarten Alter anzugewöhnen, dass bei Tisch gegessen wird – sonst nirgends! Wenn möglich, im Kreise der Familie.

Gerichte, welche „größere" Kinder gerne essen

Bei Kindern sind Pizza, Pasta und Fingerfood beliebt, ist ja auch o.k. Auch Frittiertes ist gesund, wenn man Gemüse und hochwertiges Öl verwendet, dieses nicht alt werden lässt und oft wiederverwendet. Sogar Pommes sind dann wertvoll, denn Gemüse (Yin) – frittiert (Yang) zubereitet = volle Energie!

Nutella-Schoko-Hafer-Creme

Kinder essen gerne Nutella auf's Brot – man muss ihnen Ersatz anbieten – Ich habe es versucht!

Zutaten:	100 g	Nackthafer, fein gemahlen (legen Sie den Hafer vorher für 1 Stunde in das Gefrierfach – lässt sich dann ganz leicht so fein mahlen)
	3 EL	Soja- oder Kichererbsenmehl
	2	gehäufte EL Kakao
		etwas Ursalz
	2 TL	Vanillezucker
	1 Msp.	Zimt
	10 ml	Wasser warm
	100 g	Honig flüssig
	100 g	Butter zerlassen

F *Kakao in eine Schüssel geben*
M *Hafer untermischen*
E *Vanille untermischen, Honig und Butter unterrühren*
M *Zimt untermischen*
W *Sojamehl, Wasser und Salz unterrühren*

In ein Glas füllen und im Kühlschrank fest werden lassen.

◦ Krautfleckerl

Zutaten:	½ kg	Weißkraut fein hobeln und quer mehrmals durchschneiden
	1 EL	Olivenöl
	100 g	geräucherten Speck, in kleine Würfel geschnitten
	100 g	Zwiebel, fein gehackt
	1 EL	Kümmel, gehackt
	1 EL	Paprika, edelsüß
		Pfeffer, frisch gemahlen
		Ursalz
	300 g	Fleckerl

F	*heiße Pfanne*
E	*Öl erhitzen*
F	*Räucherspeck vorsichtig anbraten*
F	*Paprika kurz anschmoren*
M/E	*Zwiebel andünsten*
E	*Kraut unterheben*
M	*Pfeffer und Kümmel unterheben und alles zusammen weich schmoren*
W	*salzen*

Die in Salzwasser weich gekochten Fleckerln unterheben, alles nochmals durchschmoren und bei ausgeschalteter Platte etwas durchziehen lassen.

☞ *Schmeckt aufgewärmt (natürlich nicht in der Mikrowelle) sensationell. Darum, wenn Sie nächsten Tag keine Zeit zum Kochen haben, kochen Sie die doppelte Menge.*

Pasta asciuta

Zutaten:	500 g	Faschiertes vom Rind
	100 g	Zwiebel, fein gehackt
	1	Zehe Knoblauch, fein gerieben
	1 TL	abgeriebene Zitronenschale
	2 EL	Tomatenmark
	¼ l	Kraftbrühe
	½ kg	reife Tomaten (Alternative: Dosentomaten)
	½ TL	Thymian
	½ TL	Rosmarin
	1 TL	Basilikum
		Ursalz
		Pfeffer, frisch gemahlen
		Olivenöl

F	*heißer Topf*
E	*Olivenöl erhitzen*
E	*Rindfleisch krümelig braten*
M/E	*Zwiebel dazu geben*
M	*Knoblauch untermischen*
W	*etwas salzen*
H	*Tomaten und –mark unterrühren*
F	*Zitronenschale, Thymian und Rosmarin unterrühren*
E	*Brühe angießen*
M	*Pfeffer und Basilikum unterrühren und ca. 45 Min. auf kleiner Flamme köcheln*
W	*mit Salz abschmecken*

Zusammen mit Spaghetti und Parmesan servieren.
Obige Paste kann auch für Lasagne verwendet werden.

Vegetarisches Sugo

Zutaten:	200 g	Zwiebel fein hacken
	2	Lorbeerblätter
	200 g	Karotten, fein geraffelt
	100 g	Staudensellerie, fein gehackt
	300 g	Kohlrabi, fein gerieben
	150 g	Knollensellerie, fein gerieben
	200 g	Lauch in feine Streifen schneiden
	700 g	Tomaten, kleinwürfeliggeschnitten (Alternative: Dosentomaten)
	2 EL	Tomatenmark
	6 EL	Olivenöl
	3	Knoblauchzehen, fein gerieben
	1 TL	Oregano
		Pfeffer, frisch gemahlen
	1 TL	Honig oder Ursüße
		Ursalz

F	*heißer Topf*
E	*Olivenöl erhitzen*
M/E	*Zwiebel andünsten*
M	*Lorbeerblätter zugeben*
E	*Karotten, Stauden- und Knollensellerie sowie Honig zugeben und rösten*
M	*Lauch, Kohlrabi und Knoblauch zugeben und 3 Minuten schmoren*
M	*pfeffern*
W	*Prise Salz – nur, um das Element zu haben*
H	*Tomaten dazugeben und 10 Minuten köcheln*
W	*mit Salz abschmecken*
H	*Tomatenmark unterrrühren*
F	*Oregano unterrühren und nochmals durchkochen*

Dazu passt jede Art von Nudeln oder Nockerln, mit Parmesan servieren.

Kartoffelpuffer

Zutaten:	1 kg	rohe, mehlige Kartoffeln fein reiben
	1	große Zwiebel fein reiben (nicht in der Moulinette – wird scharf)
	2	Eier
	50 g	Mehl
		Prise Pfeffer
		Ursalz
		Olivenöl

E *Kartoffeln in eine Schüssel geben*
E *Eier unterrühren*
M *Zwiebel und Pfeffer unterrühren*
W *salzen, gut vermischen*
H *und Mehl unterheben*

Sofort (sonst wird der Teig blau) in heißem Öl dünne Puffer von beiden Seiten knusprig braten und sofort servieren. Sie können dazu Apfelmus servieren oder mit Salat der Saison oder Pilzragout .

Wenn Sie mehr Mehl, geraffeltes Gemüse und Kräuter unter den Teig mischen, bekommen Sie ein Rösti. Solo mit Salat oder x-beliebig als Beilage zu Fleisch und Gemüsegerichten reichen.

Diverses Gemüse in Backteig

Backteig:	250 g	Kichererbsenmehl
	50 g	Reismehl
		Ursalz
	2 TL	gemahlener Kreuzkümmel
	¾ TL	Kurkumapulver
	2	Knoblauchzehen fein reiben
	1 TL	Schwarzkümmel
	2 EL	Olivenöl
	350 ml	sehr warmes Wasser
		ein paar Tropfen Zitronensaft

Gemüse: Auberginen, Zucchini, Kartoffeln, Karotten und Paprika in dünne Scheiben schneiden, Champignon und Zwiebeln ganz lassen, Lauch in Stücke schneiden, kleine Zwiebeln

Öl zum Frittieren

E *Reismehl in eine Schüssel geben*
M *Kreuz- und Schwarzkümmel untermischen*
W *Kichererbsenmehl untermischen*
W *salzen und mit warmem Wasser durchrühren*
H *etwas Zitronensaft unterrühren (nur, um das Element zu haben)*
F *Kurkuma unterrühren*
E *Öl unterrühren*
M *Knoblauch untermischen*

Alles mit einem Schneebesen gut durchschlagen. Öl in einem Frittiertopf erhitzen, Gemüse in den Backteig tauchen und nacheinander frittieren, auf Küchenkrepp abtropfen lassen und im Backrohr warm halten, bis alles Gemüse fertig ist.

Dazu servieren Sie Schafjoghurt mit Kreuzkümmel und Salz gewürzt, als Dip.

Frittierte Maisbällchen

Zutaten:	300 g	Dinkelweißmehl
	2 TL	Backpulver
	1	Prise Kurkuma
	1 ½ TL	Ursalz
	1 TL	KreuzKümmel geröstet (bekommt man im Asienladen)
	1 TL	Garam Masala (bekommt man im Asienladen)
	200 ml	Ziegen-, Soja- oder Mandelmilch
	1	Ei, verquirlt
	1 EL	Butter zerlassen
	180 g	Maiskörner
	50 g	Frühlingszwiebeln samt dem zarten Grün in feine Scheiben schneiden
	80 g	rote Paprikaschoten sehr fein hacken
	2	Hand voll Koriandergrün oder Petersilie, fein gehackt
		Pflanzenöl zum Frittieren

H	*Dinkelmehl in eine Schüssel geben*
H	*Backpulver untermischen*
F	*Kurkuma untermischen*
E	*Milch, Ei und Butter unterschlagen*
E	*Maiskörner, Paprikagemüse untermischen*
M	*Frühlingszwiebeln, Kreuzkümmel, Garam Masala und Petersilie unterheben*
W	*salzen*

Öl in einem Topf erhitzen und mit einem EL kleine Portionen vom Teig ausstechen und frittieren. Dazu Dips wie Schafjoghurt mit Kreuzkümmel und Salz, Chutney oder Salat essen.

Gemüse in würziger Tomatensoße

Zutaten:	2 EL	Pflanzenöl
	1 TL	Kreuzkümmel
	1 EL	fein geriebener frischer Ingwer
	1 ½ TL	gemahlener Kreuzkümmel
	1 EL	gemahlener Koriandersamen
	¾ TL	Kurkumapulver
	1	winzige Prise Chili
	200 g	mehlige Kartoffel, geschält und in kleine Würfel geschnitten
	300 g	Gemüse (z.B. grüne Bohnen, Karfiol, Erbsen, Kohlrabi, grüne Paprika) kleinwürfelig geschnitten
	500 ml	Gemüse-, Hühnerbrühe oder Wasser
		Ursalz
	2	Tomaten, püriert
	1 Bd	Petersilie, fein gehackt

F *heißer Topf*
F *Kurkuma hineingeben*
E *Öl dazugeben*
M *Ingwer, Kreuzkümmel, Koriander und Chili dazugeben und kurz anbraten*
E *Kartoffel, Karfiol, Erbsen, Paprika untermischen*
M *Kohlrabi untermischen*
W *Wasser zugeben und etwas salzen*
H *Tomaten unterrühren und 15 Minuten köcheln, bis alles weich ist.*
F *Prise Kurkuma unterrühren*
E *1 EL Öl unterrühren, mit dem Kartoffelstampfer etwas zerdrücken (nur einen Teil), damit das Gericht sämig wird.*
M *Petersilie unterrühren.*

Dazu reicht man Reis oder Fladenbrot.

Topfennocken in Apfelkaramell

Zutaten:

Nocken:	500 g	Topfen
	2 geh. EL	Dinkelgrieß
	2 geh. EL	Brösel
	2 geh. EL	Dinkelweißmehl
	2	ganze Eier
	1 P.	Vanillezucker
		Ursalz
	1 Prise	Kakao und Zimt

Apfelkaramell:

5	große Äpfel schälen, entkernen und in Achtel schneiden
5 EL	Zucker
2 EL	Zimt
4 EL	Olivenöl

H	*Topfen in eine Schüssel geben*
H	*Dinkelgrieß und Dinkelmehl untermischen*
F	*Kakao untermischen*
E	*Brösel, Eier und Vanillezucker untermischen*
M	*Prise Zimt unterrühren*
W	*salzen, alles gut vermischen und ½ Std. ruhen lassen*

Anschließend Wasser zum Kochen bringen, etwas Salz dazugeben und aus obigem Teig mit einem EL Nocken ausstechen und ca. 10 Minuten ziehen lassen. In einem Topf mit kaltem Wasser abschrecken und auf Küchenkrepp legen.

In einer großen Pfanne Olivenöl erhitzen, Zucker einstreuen und karamellisieren, dann die Apfelstücke dazugeben und ohne Deckel schmoren, Apfelstücke sollten ganz bleiben, Zimt darüber streuen und die Nocken untermischen. Ein wenig durchziehen lassen.

Schmeckt nicht nur Kindern!

Sesam-Oliven-Tomaten-Grissini

Zutaten:	20 g	frische Hefe
	30 g	flüssiger Honig
	50 g	grüne Oliven oder- und getrocknete Tomaten in Olivenöl ganz klein schneiden
	30 g	Sesam in einer Pfanne ohne Fett goldgelb rösten
	500 g	Mehl
	1 TL	Ursalz, Olivenöl

Hefe, Honig und 325 ml lauwarmes Wasser verrühren. Mehl, Salz, 1 EL Olivenöl, gehackte Oliven und Tomaten und Sesam mit der Hefe-Mischung in der Rührmaschine, anschließend noch händisch 3 Minuten kneten.

Den Teig zu einem Rechteck von 40 x 10 cm ausrollen, mit einem Tuch bedecken und 1 Stunde gehen lassen. Das Teigstück vertikal in 4 Teile schneiden und jeden Teil wiederum in 5 Streifen. Diese auf ein mit Backtrennpapier belegtes Blech legen und dabei jeden auf eine Länge von ca. 30 cm ausziehen. Ergibt 2 Bleche.
Mit Olivenöl bestreichen und im vorgeheizten Rohr bei 220°C Ober- und Unterhitze (Umluft 200°C)
ca. 15 Minuten backen.

Knäckebrot aus Roggen und Buchweizen

Zutaten:

200 g	Roggenmehl
200 g	Buchweizenmehl
2 TL	Weinsteinbackpulver
1 TL	Kümmel gemahlen
1 TL	Ursalz
100 g	weiche Butter
250 g	Schafjoghurt

F *Roggen- und Buchweizenmehl in eine Schüssel geben und mit*
E *Butter abbröseln*
M *Kümmel untermischen*
W *Salz untermischen*
H *Joghurt und Backpulver unterkneten und*
1 Stunde ruhen lassen

Teig 2–3 mm dick ausrollen, mit einer Gabel Löcher stechen, mit einem Teigrad Rechtecke 5 x 5 cm (oder so groß Sie möchten), radeln und bei 200°C backen. Backen Sie auf Vorrat, hält sich in einer luftdichten Dose lange und es zahlt sich aus.

☞ *Herrliche, gesunde und wohlschmeckende Bereicherung der Schuljause, oder abends für liebe Gäste zum Wein oder als Basis für gute Aufstriche.*

Vorschläge für die Schuljause

Findet bestimmt auch bei Berufstätigen Anklang!

Packen Sie neben nachstehenden Rezeptvorschlägen (sollten Überbleibsel von jeweiligen Frühstücks-, Mittags-, Abendessen, Kindergerichten und „Fertiggerichten für den Arbeitsplatz" sein) auch Obst der Saison (wenn Ihr Kind auch gerne Rohkost hat, Karotten- und Kohlrabistücke ein), gerösteten Hanf, Trockenfrüchte im Winter, Grissini, 1 Stk Lebkuchen, Roggen-Buchweizenknäckebrot, Hanfkekse, Trockenfrüchtekonfekt ohne Kouvertüre, Dinkelkräker, Dattelkonfekt.

Geben Sie zwischendurch Ihrem Kind auch mal Gelegenheit und Geld, dass sie sich einen Kornspitz oder eine Pizzaschnitte kaufen, es wird dann Ihren Köstlichkeiten nicht so ablehnend gegenüber stehen.

- Hirselaibchen mit Räuchertofu
- Tofu-Gemüselaibchen
- Kalbfleischlaibchen zwischen 2 Scheiben Toastbrot „Halbe-Halbe"
- Zucchini-Käseküchlein
- Kartoffelfladen
- Kürbis-Frittata
- Karottenfinger
- Zucchinipastete
- Fleischpastete
- Lamm- oder Rinder-Bulgurfrikadellen
- Schafkäse-Hirselaibchen
- Zucchiniomelette
- Tofu-Reislaibchen
- Frittierte Maisbällchen
- Aufstriche mit Toastbrot „Halbe-Halbe" oder Vollkornbrot

Sind alles Gerichte, die sich auch für die Schuljause eignen.

Gesunde Nascherei

Gleich geeignet für Kinder und Erwachsene

Bitte gehen Sie jedoch verantwortungsvoll damit um, denn ein „ZUVIEL des GUTEN" wirkt befeuchtend, verschleimend, Energieraubend, Appetit hemmend und macht dick! Wer will das?

Trockenfrüchtekonfekt

Zutaten:

400 g	Trockenfrüchte (Birnen, Marillen, Datteln, Feigen, Pflaumen, Orangeat, Zitronat, kandierter Ingwer etc.) durch den Fleischwolf drehen und mit
150 g	Kokosett (vorher in einer Pfanne ohne Fett goldgelb rösten)
150 g	Haselnüssen, oder Walnüssen, gemahlen und geröstet ev. noch mit Zimt, frischem Ingwer, Piment würzen, das ist Ihrem Geschmack überlassen

Vermischen, Kugeln formen. Es wird köstliches Konfekt daraus, wenn man die Kugeln mit Schokoladenkouvertüre überzieht. Als Geschenk schaut es lustig aus, wenn man die Hälfte davon mit weisser Kouvertüre überzieht. Sie können auch geröstete grobe Haferflocken oder gerösteten gemahlenen Hanf untermischen, erhöhen Sie jedoch den Früchteanteil, dann haben Sie eine Kraftnahrung für Wanderungen und Ersatz für die ach so „gesunde Kindermilchschnitte".

Formen Sie Rollen und schneiden diese in Scheiben oder überziehen Sie die ganze Rolle für besondere Anlässe mit Kouvertüre und verzieren Sie sie mit Pinienkernen, Mandelhälften oder Nüssen. Sie können die Masse auch zwischen Oblatten streichen und haben Wafferln.

Knusperhäufchen – Herrliches Weihnachtskonfekt

Zutaten:

100 g	Rosinen mit
150 g	gerösteten Mandelstiften
50 g	Zitronat, klein geschnitten
120 g	groben Haferflocken, geröstet und
250 g	zerlassener Schokoladenkouvertüre vermischen

Sofort mit einem Teelöffel kleine Häufchen auf ein mit Backtrennpapier belegtes Blech setzen und hart werden lassen – eine einzige Köstlichkeit. Vorsicht, Suchtgefahr!

Dattelkonfekt

Zutaten:

180 g	Kokosett in einer Pfanne ohne Fett goldgelb rösten und mit
250 g	Datteln durch den Fleischwolf gedreht, vermischen

Kleine Kugeln formen, ev. noch in Kokosett wälzen und in einer luftdichten Dose aufbewahren.

Zu besonderen Anlässen (Weihnachten, Geburtstag, als Mitbringsel) kann man mit Schokoladenkouvertüre überziehen.

Lebkuchen

Zutaten:

Zutaten:	200 g	hochwertiges, kalt gepresstes Rapsöl (Buttersatz)
	380 g	Honig
	1/8 l	Milch
	2	Eier
	1 TL	Zimtpulver
	½ TL	gemahlene Nelken
	¼ TL	gemahlener Kardamom
	¼ TL	geriebene Muskatnuss
	1	Prise Ursalz
	1 Pk	Weinsteinbackpulver
	500 g	Dinkelmehl
		Schale, abgerieben von 1 Zitrone
	1 EL	Kakao
	100 g	gehackte Walnüsse
	100 g	Zitronat, klein geschnitten
	100 g	Korinthen

Alle Zutaten in obiger Reihenfolge zu einem glatten Teig verkneten, auf ein gefettetes Backblech streichen, eventuell mit halbierten Mandeln und kandierten Früchten verzieren, bei mittlerer Hitze 25–30 Minuten backen und noch warm in Stücke schneiden.

Gefüllte Datteln

Zutaten:

60 g	geschälte Mandeln zusammen mit
80 g	Walnüssen in einer Pfanne ohne Fett goldgelb rösten
40 g	Butter oder Rapsöl
50 g	geschälter Sesam
1 TL	Zimtpulver
50 g	Honig
1 TL	abgeriebene Zitronenschale
30 Stk	Datteln längs einschneiden (nicht durchschneiden!) und entkernen
50 g	Pistazien fein reiben
30 g	Kokosflocken

Mandeln, Walnüsse, Butter, Sesam, Zimt, Honig und Zitronenschale mit dem Pürierstab zu einer feinen Paste verarbeiten. Die Datteln mit der Paste füllen und zusammenklappen. Die Hälfte der Datteln in Pistazien – die andere in Kokosflocken wälzen.

Hübsch ist auch 1/3 in Pistazien, 1/3 in Kokosflocken und 1/3 quer zur Hälfte in Pistazien und Kokosflocken wälzen.

Honig-Marzipan

Zutaten:

200 g	Mandeln ganz fein reiben
180 g	fester Honig
50 g	Hafer, ganz fein gemahlen
2	Tropfen Bittermandelöl-Aroma

Alle Zutaten vermischen und gut verkneten, eine Rolle formen, in Alufolie wickeln und kühl stellen.

Marzipanpralinen

Zutaten: Grundrezept Honigmarzipan (siehe vorige Seite)

plus

50 g	**gerösteter Sesam**
50 g	**Rosinen gehackt**
1 Bl.	**Schokoladenkouvertüre**
	einige Pistazien

Alle Zutaten, außer Kouvertüre, vermischen, 2 cm stark ausrollen, 2 x 2 cm große Würfel schneiden, mit zerlassener Kouvertüre überziehen, mit Pistazien oder auch Mandeln verzieren und hart werden lassen.

Bunte Marzipanwürfel

Zutaten: Grundrezept Marzipanmasse

250g	verschiedene Trockenfrüchte in kleine Würfel schneiden
2 EL	Rum (für Kinder weglassen oder Kinderpunsch nehmen)
1 TL	echte Vanille
1	Eiklar

Alle Zutaten vermischen und in Würfel oder Kugeln formen.

Mandelpudding

Zutaten:

650 ml	Ziegenmilch, 8 EL davon abnehmen und mit
4 EL	Maisstärke verrühren
4 EL	Mandelmus
1 Pk	Vanillezucker
1	Prise Ursalz
5 EL	Honig oder Ursüße
80 g	gehackte Mandeln
50 g	gehackte Pistazien

Milch mit dem Mandelmus erhitzen und gut verrühren.
Milch mit Vanillezucker und Salz aufkochen, angerührte
ke mit dem Schneebesen einrühren und 4 Minuten klein
. Honig und Mandelmilch unterschlagen.

d der Pudding bindet, vom Herd nehmen, in Schalen füllen
auskühlen lassen. Vor dem Servieren mit Mandeln und Pistazi-
n kranzförmig verzieren.

Kraftpillen

Zutaten:

250 g	Kokosflocken
250 g	Datteln, Feigen oder getrocknete Marillen (oder auch gemischt)
200 g	Rosinen
100 g	Wal- oder Haselnüsse
125 g	gerösteten Hanf
4 EL	geröstete, feine Haferflocken
3 EL	Honig

Obige Zutaten gründlich mischen, Kugeln formen, in Kokosflocken oder gehackten Pistazien wälzen, und/oder mit Schokoladenkouvertüre überziehen.

Hanfkekse

Zutaten:	120 g	geriebene Walnüsse
	140 g	geriebene Mandeln
	130 g	gerösteter, geriebener Hanf
	280 g	Marzipanrohmasse
	150 g	Ursüße
	60 g	Eiweiß
	24 g	Zimtpulver

Alle Zutaten zu einem geschmeidigen, festen Teig kneten und 1 Stunde rasten lassen. Den Teig auf eine Stärke von ca. 5 mm ausrollen, Formen ausstechen (nicht zu groß), auf ein mit Backtrennpapier belegtes Backblech legen und im vorgeheizten Rohr bei 200°C ca. 8 Minuten backen. Hält sich lange in gut verschließbaren Behältern.

Diese Kekse sind das absolute „Überdrüber" – geben Kraft, stärken die Mitte, schmecken sensationell, darum Vorsicht – vor Diebstahl sichern!

5-Elemente-Kakao

F	*¼ l kochendes Wasser*
F	*2 geh. TL echten Kakao*
E	*2 TL Honig oder Ursüße*
E	*¼ l Milch (Ziegen-, Soja-, Kokos- od. Mandelmilch)*
M	*1 Stg. Zimt*
M	*1 Stk Nelke im Winter*

Und alles gut durchkochen.

Powerdrink (für 1 Person)

Zutaten:

	100 ml	Apfelsaft
	100 ml	Saft von Roten Rüben und
	100 ml	Karottensaft
	1 EL	Leinöl (bestens bei trockenem Stuhl) oder Dotteröl, Hanföl etc.
	2 EL	Hanf – geröstet und gemahlen.

Vertragen Sie keine rohen Säfte, verwenden Sie sterilisierte.

„Eigenartige“ Bananenmilch

Mixen Sie 50 g Hanf mit 200 ml warmem oder kaltem Wasser so lange, bis eine milchige Flüssigkeit entsteht. Die „Hanfmilch“ wird durch ein feines Sieb gegossen, dann wird sie mit einer reifen Biobanane und Zimtpulver nochmals gemixt. Man kann sie auch pur oder mit etwas Honig gesüßt trinken.

Schmeckt herrlich und deckt den Tagesbedarf an allen wichtigen Mineralstoffen und Vitaminen. Einem kleinen, ganz lieben Gast habe ich diese Milch in Ermangelung einer echten Milch vorgesetzt – der Kommentar dazu war: „Ist das eine eigenartige Bananenmilch, aber Roswitha, sie schmeckt sehr gut“ – Darum mein Titel dafür.

Mohnpalatschinken mit Balsamzwetschken

Zutaten:	300 g	Dinkelmehl (halb Weiß – halb Vollmehl)
	400 ml	Milch (Ziegen-, Soja-, Kokos-, Mandelmilch oder Mineralwasser)
	1 Prise	Ingwer
	3	große Eier
	1	Eigelb
	2 EL	Mohn
		Öl zum Ausbacken
	100 g	Honig oder Ursüße
	100 ml	Balsamico
	100 ml	Rotwein
	1 Prise	Kakao
	1 Stk	Sternanis
	1 Stg	Zimt
		Ursalz
	½ kg	Zwetschken, entkernt und geviertelt
	40 g	Butter
		Vanillezucker
	1 EL	Ursüße

H	*Mehl in eine Schüssel geben*
F	*Mohn unterrühren*
E	*Milch unterrühren*
E	*Eier und Eigelb unterrühren*
M	*Prise Ingwer dazu*
W	*salzen und mind. ½ Std quellen lassen. Währenddessen:*
F	*heiße Pfanne*
E	*Honig oder Ursüße einstreuen und hellbraun karamellisieren*
F	*mit Rotwein ablöschen und loskochen*
M	*Zimt und Sternanis hinzufügen*
W	*winzige Prise Salz unterrühren*
H	*Balsamico unterrühren und sirupartig einkochen*
F	*winzige Prise Kakao dazugeben*
E	*Zwetschken einkochen, vom Feuer nehmen und auskühlen lassen.*

Aus dem Teig 8 Palatschinken backen und mit einer Mischung aus flüssiger Butter, Vanillezucker und Ursüße bestreichen, fest aufrollen und halbieren. Auf Tellern anrichten und mit den Balsamzwetschken garnieren.

Knusprige Äpfel

Zutaten:	1 kg	Äpfel (ev. schälen), in Spalten schneiden, mit
	1 EL	Zitronensaft beträufeln und vermischen
	1 EL	Kakao
	100 g	Honig oder Ursüße
	150 g	Haferflocken
	1 TL	Zimt
	125 g	Butter schmelzen

„wenn es sein muss":
1 Becher Obers mit 1 EL Zucker aufgeschlagen

F *Kakao in eine Schüssel geben*
E *Zucker unterrühren*
M *Zimt und Haferflocken unterrühren*
E *Butter untermischen*

Die Äpfel auf einem gefetteten Blech verteilen, mit obigem Gemisch bestreichen und bei 180°C im vorgeheizten Rohr ca. 45 Minuten backen. Auf Tellern anrichten und mit einem Klecks Schlagobers servieren.

Safran-Risotto mit Backobst

Zutaten:

2	Vanillezucker
20 g	Butter
200 g	Risottoreis
2	Kapseln Safran
1	Zitrone Schale abreiben
600 ml	Ziegen-, Soja oder Kokosmilch erhitzen
1,5 Blatt	Gelatine in kaltem Wasser einweichen
35 g	Zucker
50 g	Mandelstifte in einer Pfanne ohne Fett goldgelb rösten
200 ml	Schlagobers
2	kleine Eiweiß
350 g	gemischtes Trockenobst (Marillen, Zwetschken, Feigen etc) in
¾ l	warmem Wasser 1 Stunde einweichen und abgießen, Einweichwasser auffangen
40 g	Zucker
150 ml	roter Portwein oder Sherry
1	Zitrone mit einem Sparschäler die Schale abschälen
1 EL	Zitronensaft
2 Stk	Gewürznelken
1 Stg	Zimt
1 EL	Speisestärke

Butter erwärmen und den Reis darin glasig dünsten, Vanillezucker, Safran und Zitronenschale unterrühren, nacheinander Milch zugießen und ca. 30 Minuten offen einkochen lassen. Zucker und 40 ml Wasser ca. 5 Minuten zu Sirup einkochen, die ausgedrückte Gelatine im Sirup auflösen und unter den Reis rühren – 30 Minuten kalt stellen. Dann unter den Reis 40 g Mandelstifte heben, die steif geschlagene Sahne und zum Schluss das steif geschlagene Eiweiß unterheben. Den Reis auf einem großen Teller kuppelartig anrichten, glätten und über Nacht abgedeckt kalt stellen.

Für das Backobst den Zucker in einem Topf erhitzen, zu braunem Karamell kochen, mit dem Backobstwasser und dem Portwein ablöschen, die Zitronenschale mit dem Zitronensaft, Nelken und Zimt 3 Minuten kochen, die angerührte Stärke untermischen, das Backobst zugeben und alles zusammen 10 Minuten garen. Die Reistimbale mit den restlichen Mandelstiften bestreuen und rundherum mit dem Backobst garnieren.

Schmeckt sensationell, sieht toll aus und ich wüsste nicht, was daran ungesund sein sollte.

Möhren-Mandel-Kuchen mit Pinienkernen

Zutaten:

Zutaten:	300 g	Möhren fein reiben
	3	Eier trennen, Eiweiß zu Schnee schlagen
	200 g	Zucker
	1 TL	abgeriebene Zitronenschale
	250 g	gemahlene Mandeln
	1	gehäufter EL Mehl
	½ TL	Backpulver
	50 g	Pinienkerne
		Puderzucker und Fett zum Auspinseln

Eigelb mit Zucker und Zitronenschale cremig rühren – Mandeln, Mehl, Möhren und Backpulver gut untermischen, Eischnee vorsichtig unterheben.

In eine ausgefettete Backform mit 20 cm Durchmesser einfüllen, mit Pinienkernen bestreuen und im vorgeheizten Backrohr bei 180°C auf der 2. Einschubleiste von unten ca. 45 Minuten backen. 10 Minuten vor Ende der Backzeit mit Folie abdecken. Abkühlen lassen, vom Boden lösen und mit Puderzucker bestreuen.

Rezepte alphabetische geordnet